Curt W.F. von Lindenau

Der Beresina-Übergang des Kaisers Napoleon

unter besonderer Berücksichtigung der Teilnahme der Badischen Truppen

Curt W.F. von Lindenau

Der Beresina-Übergang des Kaisers Napoleon
unter besonderer Berücksichtigung der Teilnahme der Badischen Truppen

ISBN/EAN: 9783743626768

Hergestellt in Europa, USA, Kanada, Australien, Japan

Cover: Foto ©ninafisch / pixelio.de

Weitere Bücher finden Sie auf **www.hansebooks.com**

Der

Beresina = Uebergang

des

Kaisers Napoleon

unter besonderer Berücksichtigung der Theilnahme
der Badischen Truppen.

Ein Vortrag,

gehalten in der Garnison freiburg i. Br.

von

von Lindenau,

Major im Generalstabe der 29. Division.

EHM

Mit drei Beilagen, enthaltend sieben Kartenskizzen, einen Schlachtplan,
und eine Ordre de bataille nebst Stärkeberechnung.

Berlin 1896.

Ernst Siegfried Mittler und Sohn

Königliche Hofbuchhandlung
Kochstraße 68—71.

Seiner

Königlichen Hoheit

dem

Erbgroßherzog Friedrich von Baden
Generallieutenant
und Kommandeur der 29. Division

in tiefster Ehrfurcht

gewidmet.

Euerer Königlichen Hoheit,

meinem gnädigen Herrn Kommandeur, widme ich ehrfurchtsvoll diese Blätter; sie wollen versuchen, die schnell verfliegenden Worte des mündlichen Vortrags dauernd festzuhalten, weil sie von dem wenig gekannten, aber unvergänglichen Ruhm tapferer badischer Truppen erzählen, denen es vergönnt war, trotz der schwierigsten Verhältnisse inmitten eines fremdländischen Heeres unter der thatkräftigen Führung eines erlauchten Ahnen Euerer Königlichen Hoheit, des Markgrafen Wilhelm, Thaten zu verrichten, welche zu den besten zählen, die brave Soldaten vollbracht haben, und die es reichlich verdienen, auch in weiteren Kreisen bekannt zu werden.

Freiburg, den 1. Februar 1896.

von Lindenau,
Major im Generalstabe.

Es giebt wenig Epochen in der neueren Geschichte, über die noch immer, wenigstens im großen Publikum, eine so irrthümliche und falsche Vorstellung verbreitet ist, wie über den Feldzug von 1812. Fast ganz allgemein ist die Ansicht, daß in erster Linie die eisige Winterkälte das Napoleonsche Heer zu Grunde gerichtet habe, und daß nach allen Drangsalen durch die Kälte das französische Heer an der Beresina durch die russischen Waffen vernichtet worden wäre. So schreibt noch eine im Jahre 1884 erschienene badische Regiments-geschichte wörtlich: „Am 27. November fand die Schlacht und der Uebergang über die Beresina statt. Was die Kälte und der Hungertod auf Rußlands Eisfeldern, das Nerven- und Faulfieber, die in den traurigen Heerestrümmern wütheten, bis dahin noch verschont hatten, vernichteten jetzt der Brückenschlag und die Fluthen der Beresina, in welche die Kugeln und Lanzen der verfolgenden Russen die Unglück-lichen trieben."

Dies ist indessen den historischen Thatsachen nicht entsprechend. Erst jenseits der Beresina trat die andauernde nordische Kälte ein. Der Umstand allein, daß man über diesen Fluß Brücken schlagen mußte, beweist, daß er nicht zugefroren war. Noch weniger aber gelang es den russischen Waffen, an der Beresina dem Kaiser Napoleon den vernichtenden Schlag beizubringen, sondern im Gegen-theil, der Uebergang über die Beresina ist anstatt der unheilvollen Katastrophe, als welche ihn die landläufige Geschichte hinstellt, die beste Waffenthat Napoleons auf dem Rückzuge 1812, deren Gelingen er allerdings ganz wesentlich der Tapferkeit deutscher Truppen verdankte und zwar in erster Linie den badischen unter ihrem jugendkräftigen Führer, dem Markgrafen Wilhelm. Unter-gegangen an der Beresina — in der Weise, wie dies meist geschildert wird — sind nur die allerdings nach Tausenden zählenden Nachzügler der großen Armee, die außer Reih und Glied gerathen waren und im buntesten Gemisch einen unendlichen Troß mit sich führten. Die Napoleonsche Armee selbst ist mit allen Mannschaften, die in Reih und Glied standen, in tapferster Gegenwehr über die Beresina gegangen.

Für die Behauptung, daß die Kälte 1812 später eintrat und im Oktober und November weniger andauernd stark war, als es in Rußland gewöhnlich der Fall ist, führt Graf Yorck*) folgende Beweise an:

In der Geschichte des Brandenburgischen Ulanen= Regiments von Guretzky heißt es:

„Während sonst in Moskau es nicht zu den ungewöhn= lichen Ereignissen gehört, gegen Ende des Monats Oktober Schlittenbahn zu haben, hatte die Witterung bis jetzt die französische Armee insofern äußerst begünstigt, als erst am 27. Oktober der erste Frost eintrat; das Wetter blieb aber dabei hell und schön. Am 1. November sank indeß das Thermometer bis auf 8 Grad unter den Gefrierpunkt, und am 4. fiel der erste Schnee."

Eugen Beauharnais, der Stiefsohn Napoleons, schreibt noch unter dem 23. Oktober aus Fominskwa:

„Wir haben nicht soviel schlechtes Wetter, als wir in dieser Jahreszeit erwarten mußten."

Baussct, der Palastpräfekt, schreibt ebenfalls erst unter dem 4. November:

„Neumond, in der Nacht Unterschied von 13 Grad in der Temperatur — erster Schnee."

Gourgand, der erste Ordonnanzoffizier des Kaisers, schreibt:

„Bis zum 6. November, das heißt während 16 oder 17 Tagen, ist das Wetter schön gewesen und der Frost viel geringer als er in einigen Monaten der Feldzüge in Preußen und Polen und selbst in Spanien gewesen war."

*) „Napoleon als Feldherr" von Graf Yorck von Wartenburg.

General Fezcufac giebt in feinen souvenirs militairos den 7. November als den Tag des Eintritts der Kälte an. Und fchließlich:

Auch der Kaifer fagt in dem berüchtigten 29. Bulletin aus Molodetfchuo d. d. 3. Dezember:

„Bis zum 6. November war das Wetter vorzüglich gewefen."

Diefen Nordfchen Angaben habe ich zur weiteren Beftätigung der aufgeftellten Behauptung noch die folgenden hinzuzufügen:

Im Tagebuch des Generals Fantin des Odoards heißt es erft unter dem 29. Oktober:

„Die Kälte beginnt", und erft am 31. Oktober wird fie als „fcharf" (piquant), am 2. November als „fühlbar" (sensiblo) bezeichnet und erft der 6. November fonftatirt: „Kälte, Schnee und Elend."

Das Tagebuch des Marfchall de Caftellane giebt unter dem 31. Oktober:

„Kälte von 4 Grad" an und fagt am 3. November: „Am Tage Hitze wie im Sommer, die Nächte kalt", und erft am 6. November findet fich Schneefall verzeichnet.

Hauptmann v. Linfingen, vom weftfälifchen 2. leichten Infanterie=Bataillon, welches zum 8. Korps der großen Armee gehörte, hebt in feinem Tagebuch zum erften Mal am 31. Oktober hervor, daß „es recht kalt war", und giebt den 5. November als den Tag des erften Schneefalls an.

Der General Baron de Marbot erwähnt in dem fehr intereffanten Kapitel 21 feiner Memoiren bei der Befprechung der Urfachen der Niederlagen von 1812 (causes de nos désastres) die Kälte überhaupt nicht, nachdem er im vorher= gehenden Kapitel bezüglich der Berefinatage (27. und 28. November) wörtlich gefagt hat:

„En effet, la gelée, qui à cette époque de l'année aurait dû transformer en un chemin facile les eaux de la Bérésina, leur avait laissé presque toute leur fluidité quand nous devions les traverser; mais à peine les eûmes-nous franchies qu'un froid rigoureux vint les geler au point de les rendre assez solides pour porter du canon."

Bei den badiſchen Truppen, die ſich allerdings nicht bei der großen Armee, ſondern auf dem nördlichen Kriegsſchauplatze beim Korps Victor befanden, wird in mehreren noch nicht veröffentlichten Handſchriften, welche mir durch die Güte des Majors von Renz und des Rittmeiſters und Kammerherrn von Göler zur Verfügung geſtellt worden ſind, übereinſtimmend der 11. November als der Beginn ſtarker Kälte bezeichnet. In der leider ungedruckt gebliebenen vortrefflichen Geſchichte des Infanterie=Regiments Großherzog Nr. 1 von Hauptmann Walz heißt es am 11. November:

„Wir hatten am folgenden Morgen zum erſten Mal mehrere erfrorene Leute."

Es iſt nach Vorſtehendem in Verbindung mit anderen noch vorhandenen Angaben mit Sicherheit feſtzuſtellen, daß erſt im erſten Drittel des Monats November die Kälte eintrat, für Rußland gewiß nicht früh. Steht dieſer Zeitpunkt aber feſt, dann iſt es von entſcheidender Wichtigkeit, feſtzuſtellen, in welcher Verfaſſung ſich an demſelben die franzöſiſche Armee befand.

Der Kaiſer trat in den Feldzug 1812 mit einer Armee von der gewaltigen Stärke von 475000 Mann.*) Von dieſen 475000 Mann bildeten die eigentliche Hauptarmee, auf die es für die zunächſt beabſichtigte Feſtſtellung allein ankommt:

363000 Mann, mit denen der Kaiſer am 23.–24. Juni 1812 den Niemen auf der Linie Kowno—Grodno überſchritten hatte.

Was war von dieſen 363000 Mann noch übrig, als die Kälte gegen den 10. November einſetzte, alſo zu dem Zeitpunkt, als ſich die zurückgehende franzöſiſche Armee Smolensk wieder näherte? Man zaudert mit der Antwort, denn ſie klingt unglaublich; nach einer Berechnung, die ich meinerſeits durch Vergleichung der vorhandenen franzöſiſchen, ruſſiſchen und deutſchen Quellen angeſtellt habe, nur

---

*) Einſchl. IX. Korps Victor. Die Zahlenangaben nach Graf Pork: „Napoleon als Feldherr", ſoweit dieſelben in der beigefügten Stärkeberechnung nicht nachgewieſen ſind.

42 100 Mann. Die näheren Details dieser Berechnung finden sich unter der Erläuterung zur Skizze 1. Die französische Hauptarmee hatte mithin in den 4 Monaten von Ende Juni bis Anfang November die enorme Summe von 320 900 Mann verloren — mithin 88%.

Wie war dies gekommen, nachdem festgestellt ist, daß es die Kälte nicht war, die diesen Menschenabgang verschuldete, da diese, wie oben nachgewiesen, bis Anfang November überhaupt noch nicht eingetreten war?

Im Wesentlichen hatten folgende Umstände diesen Menschenverlust verursacht:

1. Der verhältnißmäßig zu schnelle Vormarsch, vom Niemen-Uebergang am 24. Juni bis 15. September Einzug in Moskau, also in 84 Tagen 130 Meilen, gestattete bei den damaligen Verkehrsmitteln weder die rechtzeitige Nach= führung Maroder und Verwundeter noch von Nacherfatz.

2. Das fast tägliche Biwakiren in empfindlich kühlen Nächten, die auf schwüle Tage folgten, in häufig an Wasser armen Gegenden.

3. Der vollständige Mangel an allen Sanitätsan= stalten, infolgedessen Kranke und Verwundete weder her= gestellt noch nachgeführt, noch überhaupt fortgeschafft werden konnten: so befanden sich beinahe noch zwei Monate nach der Schlacht von Borodino alle in derselben Ver= wundeten in dem Kloster von Kolotskoï und waren auch noch dort, als der Rückzug begann, so daß sie fast aus= nahmslos in Gefangenschaft geriethen, als die russische Armee wieder den Vormarsch antrat.

4. Das höchst nachlässig organisirte Verpflegungs= wesen und der mangelhafte Etappendienst, Uebelstände, welche die große Etappenstraße Kowno—Smolensk in un= brauchbaren Zustand gerathen ließen, die Truppen bereits auf dem Vormarsch den größten Entbehrungen aussetzten und dieselben wiederholt zu Plünderungen verleiteten. Dieser schlechte Etappendienst hat es auch verschuldet, daß von den sämmtlichen Gefangenen, die man auf dem Vormarsch all=

mählich den Russen abgenommen hatte, nicht ein einziger aus Rußland hinausgeschafft werden konnte, so daß alle wieder entwischten und auf diese Weise die russische Armee erneut verstärkten.*)

5. **Ein schwerer Mangel an Disziplin und Pflicht- treue.**

Es muß hierbei betont werden, daß dies keineswegs Uebelstände waren, welche zum ersten Male in dem französischen Heere in diesem Feldzuge einrissen, sondern dieselben hatten sich von langer Hand her in dem Napoleonschen Heerwesen entwickelt; sie waren Eigenthümlichkeiten des aus der großen Revolution hervorgegangenen Heeres, Eigenthümlichkeiten, welche selbst die Energie eines Napoleon nicht zu beseitigen vermocht hatte. So schreibt der Kaiser schon auf dem Vormarsche in Rußland an Berthier, seinen Generalstabschef: „Der Generalstab ist mir zu nichts nütze. Niemand thut seinen Dienst, wie er sollte. Es ist unmöglich, eine größere Unordnung zu sehen als die jetzige", und in einem anderen Befehle an die alte Garde aus derselben Zeit heißt es: „Mit Leidwesen sieht der Kaiser, wie die erlesene Schaar, bestimmt, seine Person zu schützen und das Beispiel der Kriegszucht zu geben, sich soweit vergißt, Keller zu erbrechen und Armee-Magazine zu plündern."

Die Wurzel dieser Uebelstände lag in der unlauteren und un- moralischen Gesinnung des Offizierkorps, die sich nur zu schnell dem gemeinen Manne mittheilte und vor Allem in einer niedrigen Selbst- sucht und schnöden Gier nach Raub und Beute ihren Ausdruck fand. Bei einem solchen Zustande war nur eine äußerst nachlässige Beauf- sichtigung des Soldaten und eine höchst schlaffe Handhabung des inneren Dienstes und seiner wichtigen Details möglich, dieser Details, die Friedrich der Große „als den ersten Schritt zum Siege be- zeichnet hat und die er uns zu lieben gebietet".

Solange das Glück den kaiserlichen Adlern hold blieb, über- strahlte der Glanz ihres Ruhmes diese bedenklichen Uebelstände; als das Unglück hereinbrach, traten sie klar zu Tage. Sie führten in

---

*) Nach Seite 228 der „Mémoires du général Baron de Marbot" über 100000, eine wohl viel zu hoch gegriffene Zahl.

kürzester Frist in einer andauernd steigenden Weise zu einem immer empfindlicheren Niedergang der Frontstärken. Bereits im Juli war die Zahl der Maroden, Fußkranken und Nachzügler eine derartig große, daß Gouvion St. Cyr sagt, „er habe täglich so viele Mann- schaften zurückgelassen, daß es der Stärke eines Bataillons gleich- gekommen sei". Auf diese Weise gelangten von den 363 000 Mann, die den Niemen überschritten hatten, nur 229 000 nach Witebsk und von diesem Platz wieder nur 156 000 Mann auf dem Hin- marsche am 18. August nach Smolensk, allerdings nach Abzug der Verluste, die die Kämpfe um diesen Ort verursacht hatten. Bis zum Morgen des 7. September, des Tages von Borodino, war die Stärke bis auf 134 000 Mann gesunken; die sehr blutige Schlacht kostete 28 000 Mann und weitere 11 000 Mann verließen die Reihen auf dem Marsche von Borodino nach Moskau, so daß der Kaiser diese Stadt am 14. September nur noch mit 95 000 Mann erreichte. Der Vormarsch der Hauptarmee hatte daher im Ganzen über ²/₃ des Gesammtfrontbestandes der Armee gekostet.

Nachdem man darauf in Moskau einen Monat unthätig unter aussichtslosen Verhandlungen versäumte und endlich am 19. Oktober den unvermeidlichen Rückzug antrat, ging auf diesem die Disziplin von Tag zu Tag in einer Jedem erkennbaren Weise immer mehr zu Grunde. Zwar schlug sich das französische Heer noch mit leidlicher Haltung sowohl bei Malojaroslawez am 24. Oktober und bei Wjäsma am 3. November, aber nach dieser Schlacht war sein Zustand ein geradezu elender. So schreibt ein deutscher Offizier, der Hauptmann von Linsingen, in seinem Tagebuch unter dem 29. Oktober: „Die große Straße war, so weit man sehen konnte, mit Truppen oder vielmehr mit Trümmern von Truppen bedeckt. Mit wenigen rühmlichen Ausnahmen war die Menge in einem wirren Durcheinander", und am 31. Oktober heißt es: „Der Mangel an Lebensmitteln war sehr groß. Das Fleisch gefallener Pferde war die Nahrung der großen Menge." Guretzky schreibt: „Die Straßen waren bedeckt mit Soldaten, die ihre Waffen fortgeworfen hatten und jeder für sich oder in kleineren Trupps ihren Weg verfolgten." Das Journal von Castellane berichtet: „La route est pavée de chevaux morts. — Je traverse une quantité considérable de bivouacs d'amateurs, nom donné aux soldats voyageant pour leur compte."

Unter solchen Umständen wuchs die Zahl der Nachzügler bis Smolensk auf 30 000, so daß es nunmehr wohl erklärt ist, durch welche Verhältnisse die große Armee Smolensk, wie ich zu Anfang behauptet und in der Skizze 1 des Näheren erläutert, in der geringen Stärke von nur 42 100 erreichte. So tragisch diese festgestellte Wahrheit an und für sich rein menschlich betrachtet wirken mag, für den Soldaten hat sie doch auch etwas ungemein Beruhigendes, denn aus ihr ergiebt sich, wie Graf York treffend hervorhebt, daß die Dinge so wurden, wie sie sich ereignet, „aus innerer, durch den Menschen selbst geschaffener Nothwendigkeit" und keineswegs aus dem Eingreifen klimatischer oder sonstiger äußerer Zufälle."

Weil die Feldherrnkunst ihres großen Kaisers versagte, der durch Selbstüberhebung verderbt war, weil das Heer die Tugenden verloren hatte, die sein eigener Feldherr als die ersten des Soldaten bezeichnet: la discipline et la constance, weil der Generalstab in keiner Weise den Aufgaben des Verpflegungs- und Etappendienstes gewachsen war, und weil vor Allem von Moskau bis Smolensk der mächtige eiserne Wille fehlte, der in die zügellos gewordenen Schaaren Ordnung gebracht und die Disziplin mit jedem zur Verfügung stehenden Mittel wieder begründet hätte, darum allein war die große Armee so kläglich zusammengebrochen. Das schönste Wetter und die beste Gegend hätten diesen Zusammenbruch nicht aufgehalten.

Die Versuche, die der Kaiser, in Smolensk angelangt, zur Reorganisation der Armee machte, waren geringwerthig. Einige Tausend Mann Besatzungs- und Ersatztruppen wurden vertheilt, die Waffen und Munition neu ergänzt. Durch die Maßregel, daß man nur den Truppenverbänden Lebensmittel austheilte, zwang man einen Theil der Nachzügler, in Reih und Glied zurückzukehren. Solche Maßregeln hätten, vier Wochen früher unternommen, ihren Erfolg nicht verfehlt; inmitten der Verwilderung des Heeres konnten sie nur wenig nützen, denn jetzt versprach allein das rücksichtsloseste Durchgreifen, vor allen Dingen die Vernichtung jeglicher unerlaubten Bagage, die strengste Handhabung des Dienstes und der Kriegsgesetze, ja eventuell die kriegsrechtliche Dezimirung einiger besonders verlotterter Bataillone noch Aussicht auf Erfolg, Maßregeln, die viele Generale dem Kaiser schon in Moskau dringend gerathen, zu denen er sich aber immer noch nicht entschließen konnte.

Wie ganz anders griff Friedrich der Große vom ersten Augenblick an durch, als es galt, die Disziplin in kürzester Zeit in der total demoralisirten Armee Beverns wiederherzustellen, die er 1757 während seines Zuges auf Roßbach zur Deckung von Schlesien zurückgelassen hatte und die während seiner Abwesenheit die Schlacht an der Lohe verloren und Breslau dem Feinde übergeben hatte. Unermüdlich thätig vom Morgen bis zum Abend, sieht der große König überall selbst in eigenster Person nach dem Rechten. Ab= wechselnd mit Belehrung und Warnung, Strafe und Befehl greift er überall ein, wo ein Widerstand sich geltend macht. Keiner ist vor dem mächtigen Manne sicher, zahllos sind die Briefe, die er an alle Stellen und nach allen Ecken versendet, um irgend eine Unordnung zu regeln und Säumige anzufeuern. Unübertroffen sind noch heute die Königlichen Worte, die er an seine Offiziere in Parchwitz am Abend des 3. Dezember richtet, um den eingerissenen Kleinmuth der Gemüther wieder aufzurichten. Sie zeigen deutlich, welche richtigen Begriffe der große König von dem Wesen der Disziplin hatte. Wenn man diese seine Thätigkeit in den Tagen vor der Leuthener Schlacht, oder die nach Kolin oder auch die nach Hochkirch mit dem Verhalten Napoleons in Smolensk ver= gleicht, dann darf mit Recht das deutsche Herz höher schlagen; denn während der Genius Friedrichs die Gemüther erhebt und aufrichtet und gerade dann die Masse der Durchschnittsmenschen mit elementarer Gewalt mit sich fortreißt, wenn das hereingebrochene Unglück sie völlig verzagen läßt, so erscheint der große Napoleonide uns hier, als er sich zum ersten Mal im Unglück befindet, wirkungslos, ge= schwächt, ja völlig erschöpft.

Aber es ist nun hochinteressant, zu sehen, wie auf dem weiteren Rückzug von Smolensk nach der Beresina der Kaiser Napoleon sich plötzlich ermannen sollte und wie das bereits kläglich zusammengebrochene Napoleonsche Heer sich noch einmal allmählich zu kriegerischen Leistungen emporrafft, die zwar bei dem großen allgemeinen Unglück naturgemäß nicht mehr von entscheidender Bedeutung sein konnten, die aber doch zu dem Besten gehören, was brave Soldaten unter schwierigen Verhältnissen geleistet haben.

Zu ihrer eingehenden Würdigung ist es erforderlich, zunächst die Lage der französischen Armee in Smolensk zu betrachten. Die Skizze No. 1 soll dieselbe veranschaulichen. Wie man aus dieser ersieht, befindet sich die russische Hauptarmee unter Kutusow, in der Skizze 1 mit n bezeichnet, im Vormarsch parallel der großen Moskauer Straße, auf der die französische Armee in mehreren Staffeln — in der Skizze 1 mit a, b, c, d, f, g bezeichnet — zurückgeht, mit dieser fast in gleicher Höhe. Die russische Armee steht im Begriff, Smolensk im Süden zu umgehen, und bedroht die Rückzugslinie der französischen Hauptarmee. Sie ist daher auf dem besten Wege, die Früchte einzuernten, die ihr durch die nach Beginn des französischen Rückzugs angesetzte Flankenbewegung zufallen mußten. Es gilt für den russischen Feldherrn nur noch zuzugreifen, den letzten entscheidenden Schlag zu führen. Und daß Kutusow diesmal zugreifen würde, ließ sich um so eher erwarten, da sein Heer dem französischen nicht allein an Zahl überlegen war, sondern sich auch in einem qualitativ weit besseren Zustand befand. Die Stärkeberechnung der russischen Armee giebt ebenfalls Skizze 1. Die numerische Ueberlegenheit Kutusows (50 000 gegen 42 000 Mann) betrug allerdings nur noch 8000 Mann, da man auch russischerseits außerordentlich starke Verluste gehabt hatte, die hauptsächlich ebenfalls durch ein äußerst ungeschicktes Verpflegungswesen veranlaßt waren. Aber ein großer Theil des russischen Verlustes traf in der Folge wieder beim Heere ein, und, was weit wichtiger war, der ungewöhnliche Abgang an Mannschaften zeigte keinen nachtheiligen Einfluß auf den Geist der russischen Truppen, der im Gegentheil durch den steten Vormarsch und das Gefühl des Sieges sehr gehoben war. In der Flankenbewegung der russischen Hauptarmee lag indessen noch keineswegs die Größe der Gefahr für den Kaiser Napoleon. Dieselbe beruhte vielmehr darin, daß für zwei weitere russische Armeen, die Wittgensteins, in der Skizze 1 mit t bezeichnet, und die Tschitschagofs, in der Skizze 1 mit u bezeichnet, die Möglichkeit bestand, sich an der Beresina hinter dem Rücken der französischen Hauptarmee zu vereinigen und ihr so den Rückzug zu verlegen. Die Stellungen, in welchen sich die französischen Kräfte befinden, welche den russischen Flügelarmeen gegenüberstehen, zeigt ebenfalls Skizze 1. Auf dem nördlichen Kriegsschauplatz steht französischerseits der Marschall Victor — auf der Skizze 1 mit h bezeichnet — nördlich Tschereja.

Bei Victor befinden sich das 2. und 9. Korps. Ersteres befehligte der von einer schweren Verwundung hergestellte Marschall Oudinot, letzteres der Marschall Victor selbst, und dieses letzter interessirt uns besonders, weil sich bei ihm der Markgraf Wilhelm mit der badischen Brigade befand. Das 9. Korps bestand aus einer Kavallerie-Division (Fournier) und drei Infanterie-Divisionen: Dändels, Partouneaux und Girard. Von diesen bestand allein die Division Partouneaux aus französischen Regimentern, die jedoch zum größten Theil, die jüngsten der Armee, in Holland und den Hansastädten rekrutirt und wenig ausgebildet waren, die Division Girard bestand aus polnischen und sächsischen Regimentern*); die durchaus kriegstüchtig waren. Zur Division Dändels gehörte neben der badischen Brigade eine bergische, die nur aus Rekruten bestand, da die alten bergischen Regimenter in Spanien völlig zu Grunde gegangen waren. Es war daher ein bunt gemischtes Korps, in dessen Reihen die badischen Truppen zum Feldzug 1812 ausrückten. Von diesen badischen Truppen hatten die meisten die Feldzüge Napoleons von 1806/7 und 1809 mitgemacht, besonders in letzterem mit großer Auszeichnung gefochten, waren kriegsgeübt und vom besten Geiste beseelt. Aus allen vorhandenen Angaben geht hervor, daß sie die besten vom Korps waren. Ihre Ordre de bataille und Stärkeberechnung findet man neben Skizze 1. An ihrer Spitze stand der Generalmajor Markgraf Wilhelm von Baden, geboren den 8. April 1792, der trotz seines jugendlichen Alters bereits den Feldzug 1809 im Stabe des Marschall Masséna mitgemacht und sich in demselben in vortheilhaftester Weise ausgezeichnet hatte.

*) Die sächsischen Regimenter Rechten und Loß, zusammen 4 Bataillone unter Oberst Graf Einsiedel.

v. Lindenau, Beresina Uebergang. 2

Den Truppen des Marschalls Victor gegenüber stand russischer=
seits Wittgenstein. Bei thatkräftigem Handeln, zu welchem Victor
ein Schreiben des Kaisers soeben aufgefordert hatte, konnte er die
Verhältnisse hier zum Vortheil der Franzosen wieder herstellen, denn
er war genau eben so stark wie sein Gegner Wittgenstein.

Wie bestimmt der Kaiser von Victor thatkräftiges Handeln
erwartete, das beweist sein Schreiben vom 7. November, welches mit
den Worten schloß:

„Ergreifen Sie die Offensive, das Heil der Armee
hängt daran, jeder Tag der Verzögerung ist ein Unheil.
Die Kavallerie der Armee ist zu Fuß, die Kälte hat alle
Pferde getödtet. Marschiren Sie, das ist der Befehl des
Kaisers und der der Nothwendigkeit."

Getrennt von Victor steht Wrede — auf der Skizze 1 mit k
bezeichnet — unthätig bei Glubokoje unter der Vorgabe, Wilna zu
decken, nach seinem eigenmächtigen Rückzuge nach der zweiten Schlacht
bei Polocz. Da er aber in 4 bis 5 Tagemärschen herangezogen
werden kann, so muß er, selbst wenn noch viele Tage vergehen, bis
ihn ein energischer Befehl erreicht, immer noch zur letzten Ent=
scheidung wirksam eingreifen können. Wittgenstein fürchtete dies sehr,
wie dies aus einem Briefe von ihm vom 11. November an den
Kaiser Alexander hervorgeht.

Auf dem südlichen Kriegsschauplatz ist Tschitschagof — auf
der Skizze 1 mit u bezeichnet — mit 38 000 Mann auf seinem
ihm vom Kaiser Alexander befohlenen Marsch nach Minsk am
11. bis Snow gelangt. Schwarzenberg — auf der Skizze 1 mit l
bezeichnet —, der sich endlich seiner ihm von Napoleon ertheilten
Aufgabe, Minsk zu decken, bewußt geworden war und Tschitschagof
mit 25 000 Mann nachgeeilt ist, hat am 11. noch nicht einmal
Sslonim erreicht. Es ist daher klar, daß der russische General das
von Schwarzenberg zu deckende Objekt Minsk früher erreichen wird,
als Schwarzenberg. Reynier — auf der Skizze 1 mit m bezeichnet
— soll mit 16 000 Mann Schwarzenbergs Bewegung auf Minsk
gegen Sacken — auf der Skizze 1 mit v bezeichnet — decken.
Sacken, der 25 000 Mann stark ist, hat somit eine Ueberlegenheit
von 9000 Mann über Reynier. Dieser Letztere weicht vor Sacken

am 11. aus Rutnja, bis wohin er vorgegangen war, in nörblicher Richtung zurück. Auf dem süblichen Kriegsschauplatz haben die Ereignisse mithin für die Franzosen eine noch ungünstigere Wendung genommen wie im Norden. Aber auch hier ist die Situation noch nicht hoffnungslos.

Wenn jetzt nur richtig gehandelt wird, wenn Schwarzenberg unabläsfig Tschitschagof folgt, unbekümmert um die Ereignisse, die sich inzwischen bei Sacken und Reynier vollziehen, wie dies auch Napoleon für ihn in einem Befehle vom 5. November angeordnet, so kann sich hier eine Gefahr nicht ergeben. Da aber Schwarzen= berg diesen am 5. November abgesandten Brief bei der räumlichen Entfernung, die ihn vom Kaiser trennt, noch nicht erhalten hat, so bleibt der Kaiser auf die Hoffnung beschränkt, daß sein Unterführer aus eigener Einsicht im Sinne der ihm früher gegebenen Instruktionen richtig handeln wird. Wie wenig Schwarzenberg allerdings dieser Hoffnung entsprechen sollte, wird die weitere Entwickelung der Ereig= nisse zeigen.

Sobald der Kaiser in Smolensk angekommen war, traf er sofort weiterhin Maßregeln, um den Gefahren für seine Flügel zu begegnen. Zunächst ließ er noch einmal an Schwarzenberg schreiben, er solle Tschitschagof lebhaft verfolgen, damit er über die Queue desselben herfalle und ihn verhindere, sich gegen die Hauptarmee zu wenden. Da aber der Brief vom 5. November Schwarzenberg noch nicht erreicht hatte, so wird dieser erst recht zu spät kommen.

Ferner wurde der Marschall Victor in einem langen ausführ= lichen Briefe erneut zu thatkräftigem Handeln auf dem nörblichen Kriegsschauplatz ermahnt. Dieser Brief ist gleichzeitig für die Auf= fassung des Kaisers in Betreff seiner Lage sehr wichtig; es heißt in demselben unter Anderem:

. „Seine Majestät werden sich mit einem Theile der Armee über Orscha zurückziehen, allein dies kann nur langsam geschehen. Es ist deswegen um so dringender, daß Sie Wittgenstein angreifen. Der Kaiser zweifelt nicht, daß Sie mit Ihren Truppen den Sieg erfechten, der, wenn er alsbald erfolgt, die größten Vortheile bringen muß. Der Kaiser gedenkt alsbann Witebsk zu besetzen und seine

2*

Winterquartiere zwischen dieser Stadt, Orscha und Mohilef und längs der Düna bis Polozk zu nehmen. Verzögern Sie dagegen Ihren Angriff auf Wittgenstein, so wird Kutusow Zeit erhalten, sich mit diesem General über Witebsk zu vereinigen, und in diesem Falle wird man ihn aus seiner Stellung nur durch eine allgemeine Schlacht ver= treiben können, die man diesen Winter nicht mehr liefern kann. Sowohl die große französische als die große russische Armee sind durch Anstrengungen erschöpft. Sie können Stellungen durch Märsche einnehmen, aber weder die eine noch die andere ist im Stande, eine große Schlacht zu liefern. Allein Ihre Armee und die Wittgensteins sind genöthigt, sich zu schlagen. Je früher je besser. Wenn Wittgenstein seine Stellung behauptet, so hat er dabei Alles zu gewinnen und Sie Alles zu verlieren."

Aus diesem Briefe ersieht man, daß sich Napoleon eine ganz willkürliche Vorstellung von dem Zustande der russischen Armee machte. Dieselbe hatte allerdings starke Verluste gehabt, aber mit Allem versorgt, war sie keineswegs außer Stande, eine Schlacht zu liefern. Jede Wahrscheinlichkeitsrechnung mußte Napoleon auch dazu bringen, die Verluste des russischen Heeres weit geringer an= zunehmen, als sie wirklich waren. Ebenso willkürlich und falsch waren Napoleons Annahmen von den Bewegungen des russischen Heeres. Es ist in keiner Weise ersichtlich, durch welche Umstände Napoleon zu der Ueberzeugung gelangen konnte, Kutusow sei nördlich der Straße von Mostau nach Smolensk in Bewegung, um über Witebsk seine Verbindung mit Wittgenstein zu suchen. Die Ge= wißheit, daß nur ein Theil des russischen Heeres bei Wjäsma ge= fochten hatte, das Schicksal der Brigade Augereau, welche südöstlich Smolensk gefangen wurde, deuteten ziemlich bestimmt an, wo das russische Heer zu suchen sei. Noch eigenthümlicher und willkürlicher klingen die Worte, welche der Kaiser über seine ferneren Absichten in Bezug auf die Winterquartiere sagt. Ueber die Unausführbarkeit derselben kann kaum ein Zweifel bestehen. Man kann bei diesem Briefe des Kaisers wie bei so vielen aus der Zeit dieses Rück= zuges zu der Annahme gelangen, der Kaiser habe nur seine

Unterführer täuschen wollen, da es ihm nicht angezeigt erschien, in der Zeit, in der der Kleinmuth der Gemüther von Tag zu Tag zunahm, das Gefahrvolle seiner Lage einzugestehen; indessen ich glaube, das wäre doch ein zu gewagtes Spiel gewesen; man wird richtiger in diesen Dingen das Walten eines herrischen, durch das Glück verwöhnten Geistes erkennen, den das ungeahnte Mißlingen seines gewaltigen Werks aus dem Gleichgewicht gebracht, der sich in einer Krisis befindet, die er erst überwinden muß, um zu neuen großen Thaten zu schreiten.

Der weitere Rückzug der französischen Hauptarmee von Smolensk erfolgte auf Befehl des Kaisers in Staffeln mit einem Tagemarsch Abstand auf Krasny in folgender Reihenfolge.

Am 12. das 5. und 6. Korps, die unberittene Reiterei und die Artillerie der Garde.
= 13. Division Claparède.
= 14. die alte Garde, der er sich persönlich anschloß.
= 15. Eugen.
= 16. Davout.
= 17. Ney.

Der Kaiser hoffte durch diesen staffelweisen Rückzug die Unordnungen zu vermeiden, die ein gleichzeitiger Aufbruch der ge= sammten Armee herbeiführen konnte. Der Rückzug der französischen Kolonnen führte sofort zum Zusammenstoß mit den Russen, die ihre Bewegung fortgesetzt hatten, und damit zu einer Reihe von Gefechten um Krasny, in denen zwar allmählich das Bestreben der Russen, die günstigen Verhältnisse auszunutzen, hervortritt, aber in einer so unenergischen Weise, daß das zu erreichende glänzende Schlußresultat nicht erlangt wird, sondern in denen es nur gelingt, der französischen Armee neuen schweren Schaden zuzufügen. Von Tag zu Tag verabsäumt der russische Feldherr die günstige Gelegen= heit, durch einen energischen Druck vorwärts die sich täglich immer mehr und mehr auseinander zerrenden Staffeln der französischen Armee entscheidend zu schlagen. Die Gefechte am 13. und 14. gegen die Têten der französischen Kolonnen sind nur Kämpfe mit Kosaken und dem Streifkorps Dscharowski. Das Gefecht Ostermanns gegen die Garde am 14. ist eine Kanonade, ebenso das Miloradowitsch's am 15. Am Abend dieses Tages war die Situation diejenige, welche Skizze 2 zeigt. Der Kaiser mit den Garden, der Division Claparède, dem 8. Korps Junot, mit b bezeichnet, steht am Wege= kreuz von Kraßny, weitermarschirend sind die Polen unter Zayon= czeck, mit a bezeichnet, bis Ljädy gelangt, noch zurück dagegen sind Eugen, mit c bezeichnet, bei Lupnya und als Arrièregarde Davout und Ney zusammen — mit Buchstaben d bezeichnet — in Smolensk. Gegenüber dem somit auf 9 Meilen auseinander gezerrten französischen Heer steht, noch nicht 2 Meilen entfernt, gerade der Mitte der franzö= sischen Staffeln gegenüber, die eng versammelte russische Armee. Dieselbe hätte nur zuzuschlagen brauchen, um die verzettelten franzö= sischen Heerestheile mit einem Schlage zu vernichten. Wenn der russische Feldherr Kutusow, der mit den ausführlichsten Nachrichten versehen war, sich zu einem solchen Schlage nicht aufraffen konnte, so beweist dies, welchen Respekt er vor der Persönlichkeit Napoleons hatte. Aehnlich wie Friedrich nach Colin, zehrte auch hier Napoleon von seinem alten Ruhm.

Hier in Kraßny endlich erkennt Napoleon die gefahrvolle Lage, in der sich sein Heer befindet, und nachdem ihm diese zum Bewußtsein gelangt ist, zeigt er sich auch sofort vollkommen auf der Höhe der schwierigen Aufgabe.

Zunächst läßt er in der Nacht vom 15./16. das Detachement Oscharowski, auf der Skizze 2 mit Buchstaben e bezeichnet, in Kutkowa überfallen und bleibt am 16. kühn bei Kraßny stehen, um Eugen, Davout und Ney den Rückzug zu ermöglichen. Die Ausführung desselben blieb aber trotzdem für die drei Generale, welche von ein= ander getrennt standen und selbstständig handeln mußten, eine außer= ordentlich schwierige Aufgabe, denn nach jeglicher Berechnung mußte es den Russen gelingen, wenigstens zwei oder einem von ihnen den Weg nach Kraßny zu verlegen, da die Russen trotz ihres bisherigen unenergischen Handelns doch endlich in den Besitz der Kraßnyer Straße gelangen mußten. Und wenn dennoch allen drei französischen Generalen die Lösung ihrer schwierigen Aufgaben gelingt, — dem letzten von ihnen, Ney, freilich nur unter Opfern, die seiner Ver= nichtung fast gleichkommen — so gereicht dies diesen drei Generalen zu hohem Ruhme und zeigt andererseits die jammervolle russische Führung nur zu deutlich.

Was zunächst denjenigen dieser drei Generale anbetrifft, der Napoleon räumlich am nächsten stand, den Vizekönig Eugen, so findet dieser am 16. November Miloradowitsch in einer Aufstellung quer über die Straße bei Nikulina (siehe Skizze 2). Die energischen Angriffsversuche Eugens, Miloradowitsch zum Freigeben der Straße zu zwingen, scheitern, dagegen gelingt es ihm, nachdem er die Aufforderung zur Kapitulation abgewiesen, unter dem Schutz der Dunkelheit den linken Flügel von Miloradowitsch über Fomina zu umgehen und Kraßny in der Nacht zu erreichen, so daß in der Nacht vom 16./17. die Situation eingetreten ist, welche die Skizze 3 zeigt.

Eugen ist also zu den unter dem Kaiser bei Kraßny vereinten Truppen gestoßen — auf der Skizze 3 mit c bezeichnet —, von denen noch das schwache 8. Korps Junot abmarschirt ist — auf Skizze 3, b. — Dasselbe hat den Punkt Ljädy erreicht, wo tags zuvor die weiter marschirten Polen waren. Diese letzteren — auf Skizze 3, a — haben den Marsch nach Dubrowna fortgesetzt. Die russische Armee ist noch mehr in sich in der Richtung auf Kraßny aufgeschlossen, sonst wie am Vorabend eingetheilt, ihre Vortruppen fühlen im Bogen bis an Kraßny heran.

Das Durchkommen Davout's am 17. schien vollkommen in Frage gestellt. Kutusow gab endlich dem fortgesetzten Drängen seines Generalstabschefs, des wackeren Toll, nach und entschloß sich an diesem Tage zum Angriff. Die Idee, welche der Toll'schen An= griffsdisposition zu Grunde lag, war folgende: Eine starke linke Flügelkolonne sollte auf Dobraja westlich Kraßny rücken, maskirt durch die Aufstellung des Centrums bei und rückwärts Norwosselki, und später mit diesem konzentrisch auf Kraßny vorgehen. Milorado= witsch mit einer rechten Flügelkolonne sollte Davout, den man noch zurück wußte, nicht aufhalten, dagegen ihn nach Kraßny drängen. Sieht man von der Verwendung Miloradowitschs ab — dem gerade umgekehrt im Verein mit Ostermann, auf Skizze 3 Buchstabe i, das Abdrängen von Davout in östlicher Richtung befohlen werden mußte, während man den Kaiser gleichzeitig durch andere Truppen in seiner linken Flanke angriff —, so wird man diese Toll'sche Disposition nur als zweckmäßig bezeichnen können.

Die Durchführung derselben gelang indessen nicht, denn der große Meister des Krieges, welcher an der Spitze des nach mensch= licher Berechnung verlorenen französischen Heeres stand, war nun in letzter Stunde aus seiner Gleichgültigkeit erwacht und keineswegs gewillt, sich das Gesetz des Handelns diktiren zu lassen.

In dem Augenblick, wo die Gefahr am größten, wo das an und für sich schon kühne passive Ausharren bei Kraßny keinen Erfolg mehr versprach, entschloß sich der Kaiser mit gesteigerter Kühnheit zur Offensive. Ein gewaltiger Entschluß, würdig des Siegers von Austerlitz, der nur zu deutlich fühlte, daß es die höchste Zeit sei, seine ganze Kraft einzusetzen, um das Versäumte wieder gut zu machen, und der dies auch offenkundig selbst am Tage vor Kraßny in einer für ihn höchst charakteristischen Weise vor der Front seiner Garden bekannt hat, indem er einem General, der ihn darauf aufmerksam machte, daß er sich persönlich zu sehr dem Feuer aussetze, zurief: „J'ai assez fait l'empereur, il est temps de faire le général.“

Die Truppen, die dem Kaiser zu dem Angriff in dem ge= wählten Augenblick zur Verfügung standen, betrugen nicht mehr als 16 000 Mann, während Kutusow ohne Miloradowitsch und die Parteigänger 35 000 Mann zur Stelle hatte. Der Angriff Na= poleons sollte kein bis zur äußersten Consequenz durchzuführender sein, sondern sollte nur imponiren und Kutusow stutzig machen. Und dies gelang vollständig. Niemals hat überhaupt der Kaiser während seiner langen Feldherrnlaufbahn einen Feind gefunden, dem er so imponirte wie Kutusow. Sobald Kutusow nur die feste Haltung der französischen Garde erblickt hatte, die seinem Centrum im ersten Anlauf Uwarowa, auf Skizze 3 südöstlich Kraßny, entriß, wieder= rief er trotz aller Gegenvorstellungen seines Generalstabschefs Toll und seiner Unterführer sämmtliche Angriffsbefehle und zog Milorado= witsch an sich heran. Unter diesen Umständen gelang somit Davout auch die Vereinigung mit dem Kaiser, welcher sofort mit ihm den Rückzug nach Orscha fortsetzte.

Den Marschall Ney, der am Abend des Tages erst Korytnia erreichte, mußte der Kaiser seinem Schicksal überlassen, denn noch länger Stand zu halten, war unmöglich. Ney brach am 18. in aller Frühe, unbemerkt von dem ihm gegenüberstehenden Platof, auf und überraschte die russischen Truppen, welche östlich Krasny, Front nach Orscha, lagerten und nichts von ihm wußten, vollständig. Aber dieser Vortheil der Ueberraschung konnte wenig am Ausgang des Gefechts ändern, da die Ueberlegenheit der Russen zu bedeutend war. Nach zwei mit der größten Bravour durchgeführten Angriffen führte Ney, nachdem er die Aufforderung zur Kapitulation abgewiesen, sein Korps zunächst in der Richtung auf Smolensk zurück und bezog anscheinend ein Biwak, marschirte dann aber unter dem Schutze der Dunkelheit querfeldein nordwärts auf den Dnjepr zu und überschritt unter den schwierigsten Umständen bei dem Dorfe Syrokoronje — siehe Skizze 3 — das schwache Eis dieses Flusses. Am Morgen des 19. gelangte er mit noch 3000 Mann, nachdem er beim Dnjepr-Uebergang seine sämmtlichen Pferde und Geschütze verloren, nach Gussinoje. Hier erreichte ihn Platofs Korps, welches den Vormarsch von Smolensk auf dem rechten Dnjepr-Ufer fortgesetzt hatte und jetzt energisch eingriff. Aber unter der zähesten Gegenwehr, die sein tapferes Korps völlig aufrieb, gelang es Ney, den weiteren Rückzug zu bewerkstelligen. Er selbst zu Fuß, meist an der Nachspitze, eine Flinte in der Hand, von Zeit zu Zeit einen Kosaken abschießend. Am 21. morgens erreichte er Orscha mit 900 Mann von 6000, mit denen er noch von Smolensk aus-gerückt war. Thatsächlich war daher sein Korps vollständig ver-nichtet, aber der Mann, der am Abend des Tages von Krasny in der verzweifelten Lage, in der er sich befand, einen fast hoffnungs-losen Ausweg muthig einschlägt und auf demselben nach unsäglichen Drangsalen sein Ziel erreicht, bekundet einen ungewöhnlichen Helden-sinn und hat mit vollem Recht den Beinamen verdient, den ihm sein Kaiser gegeben: le brave des braves.

Das unmöglich Geglaubte war daher geschehen: der Kaiser war der sicheren Katastrophe mit allen Korps dem Namen nach entgangen. Am 20. stand er mit seinem gesammten, allerdings bedenklich reduzirten Heer in und um Orscha.

Unter der Annahme, daß es der französischen Heeresleitung in Smolensk am 11. November möglich war, sich über die Be-wegungen der russischen Armee einige Klarheit zu verschaffen, dürfte es von Interesse sein, diejenigen Möglichkeiten zu erwägen, welche der ersteren blieben, um das bereits schwer geschädigte Heer in einer besseren Verfassung von Smolensk nach Orscha zu bringen, als dieselbe dies thatsächlich vermocht hat. Es waren meines Erachtens die folgenden:

1. Der Rückzug auf der großen Straße über Krasny unter gleichzeitigem Aufbruch der gesammten Armee am 12., wohl der einfachste und bequemste Ausweg, denn er benutzte die vorbereitete Etappenstraße; aber er trug die große Gefahr in sich, daß die russische Armee mit Theilen sich quer vorlegen, mit anderen in empfindlichster Weise in die Flanke der zurückgehenden Armee hinein= stoßen konnte.

2. Der Rückzug der ganzen Armee auf dem rechten Ufer des Dnjepr. Derselbe brachte den Strom zwischen die Armee und den Feind und bot daher für die bedrohte Flanke volle Sicher= heit. Er mußte aber auf schlechten Kommunikationswegen ohne jede Vorbereitung für die Verpflegung ausgeführt werden, ein Umstand, der für das ausgehungerte französische Heer schwer ins Gewicht fiel.

3. Ein etwa am 12. November anzusetzender kurzer Offensiv= stoß von Smolensk in die rechte Flanke der im Vormarsch auf Orscha begriffenen russischen Kolonnen und demnächstiger Abzug auf der großen Straße. Derselbe erforderte große Anstrengungen und zahlreiche Opfer, aber er blieb auch das wirksamste und erfolgreichste Mittel, denn er brachte die russischen Kolonnen zum Halten und zwang sie, Front zu machen. Je überraschender er erfolgte, um so mehr Chance hatte er, zu gelingen, eine Chance, die sich noch durch die übertriebene Vorsicht des feindlichen Feldherrn erhöhte. Die Schilderung der Ereignisse hat bereits gezeigt, daß der Kaiser selbst bei Krasny, wenige Tage später, zu derselben kühnen Maß= nahme griff, als ihm das Gefahrvolle seiner Lage vor Augen trat.

Ich möchte daher den unter 3. erörterten Flankenstoß als die für den Kaiser geeignetste Maßnahme bezeichnen und aus der Kriegsgeschichte zwei Beispiele anführen, wo solche Flankenstöße unter gleichfalls sehr ungünstigen Verhältnissen ihren Zweck voll= ständig erreichten.

1. Der Stoß Napoleons in den letzten Januartagen 1814 von St. Dizier auf Brienne, der den Vormarsch der Verbündeten auf Paris zum Stehen brachte.

2. Der Stoß des Generals von Werder am 9. Januar 1871 von der Straße Vesoul—Belfort auf Villersexel, der die gesammte Bourbakische Armee veranlaßte, Front nach Norden zu machen, wodurch die Zeit zur Versammlung an der Lisaine gewonnen wurde.

Man kann in Ansehung des Verlaufs der Ereignisse die französische Heeresleitung nicht davon freisprechen, bei der Anordnung des Rückzuges von Smolensk nach Orscha sich schwerer Fehler schuldig gemacht zu haben; dieselben überstrahlt indessen doch der Ruhmesglanz der Gesechte um Kraßny. In diesen erregt das kühne Zugreifen des Kaisers wie aller seiner Unterführer ebenso unsere Bewunderung, wie der Elan und die zähe Ausdauer der in das Gesecht tretenden Truppen.

Im schroffen Gegensatz hierzu steht das Verhalten der Russen. Mit Leichtigkeit konnten sie bereits am 14. November im Besitz von Kraßny sein, zum Mindesten aber mußten sie den Ort am 15. oder 16. einnehmen! Wenn man sich bei dieser Bemerkung dem Tadel des Generals von Clausewitz aussetzt, welcher sagt „das sei ein Zimmerraisonnement", so möchte ich dem entgegnen, daß doch auch vor Kraßny, wie jetzt historisch nachzuweisen ist, die energischeren russischen Offiziere alle ebenso dachten, so Toll, so Konownizin, so der tapfere Herzog Eugen von Württemberg! Nur durch den Seelenzustand des Fürsten Kutusow lassen sich die Ereignisse um Kraßny erklären. Sie liefern ein schlagendes Beispiel dafür, welchen großen Einfluß die Gewalt der Persönlichkeit im Kriege ausübt.

Das am 20. November in und um Orscha wieder vereinigte französische Heer schien indessen nur gerettet, um in einer gewaltigeren Katastrophe seinen Untergang zu finden!

Die Ereignisse bei den Flügelarmeen hatten eine für die französischen Waffen höchst ungünstige Wendung genommen. Auf dem nördlichen Kriegsschauplatz hatte der Marschall Victor den Entschluß zu einer energischen That gegen Wittgenstein nicht finden können, obgleich er, wie bereits gesagt, ebenso stark war wie Wittgenstein,

und obgleich seine Truppen nach dem mühseligen Hin- und Her-
marschiren sich geradezu nach einer Gefechtsthätigkeit sehnten und, wie
der Markgraf Wilhelm von Baden in seinen Memoiren sagt, vor
Begierde brannten, auch an den Feind zu kommen. Endlich am 11. November begann Victor auf das energische
Drängen des Kaisers die Vorwärtsbewegung auf Tschaschniki gegen
Wittgenstein. Dieselbe führte am 12. für die badische Kavallerie
unter Laroche zu einem kurzen Gefecht, in welchem die erste feindliche Granate den braven Oberst v. Cancrin, den Kommandeur des
badischen Husaren-Regiments von Geusau tödtete und am 14. zu
einer — wie sich der Markgraf Wilhelm ausdrückt — „nichts entscheidenden Kanonade vor Tschaschniki", während welcher die badische
Brigade 3*) Offiziere, 58 Mann verlor. Dieselbe endete damit,
daß der Marschall wieder den Rückzug auf Tschereja befahl, welchen
Ort und Umgegend beide Korps (2. und 9.) am 20. November
wieder erreichten, so daß also am 20. November wieder dieselbe
Situation auf dem nördlichen Kriegsschauplatz eingetreten ist, wie
sie die Skizze 1 am 11. November darstellt. Zu diesem Rückzug
hatte sich der Marschall Victor infolge der Nachrichten veranlaßt
gesehen, die ihm in der Nacht vom 14./15. mit der ersten Kunde
vom Rückzuge der großen Armee über den Zustand derselben zu-
gegangen waren. Getrennt von Victor und Oudinot, war Wrede
bei Glubokoje, wie auf Skizze 1 bereits angegeben, auch weiterhin
völlig unthätig verblieben, da man nicht daran gedacht hatte, ihn
heranzuziehen.

Auf dem südlichen Kriegsschauplatz war Schwarzenberg anfangs,
wenn auch langsam, Tschitschagof weiter gefolgt. Als aber Sacken
am 15. den vor ihm zurückweichenden Reynier in Wollowisk, auch
auf Skizze 1 angegeben, überfällt und zurücktreibt, vergißt Schwarzenberg seine weit wichtigere Aufgabe — Tschitschagof zu folgen —
vollständig, eilt Reynier zu Hülfe und schlägt mit diesem vereint
Sacken am 16. bei Wolkowisk. Man sollte meinen, daß nach diesem

---

*) Es waren dies: Kapitän Hebbäus vom Regiment Großherzog, Kapitän
von Cloßmann und Lieutenant Spinner vom 3. Regiment, welche alle drei
verwundet wurden.

Siege der österreichische Feldherr schleunigst den Verfolg seiner wich=
tigsten Aufgabe wieder aufgenommen hätte, aber anstatt dessen ver=
folgt er im Verein mit Reynier Sacken in südlicher Richtung und
kommt so für den weiteren Verlauf der Ereignisse und die Ent=
scheidung an der Beresina nicht mehr in Betracht. Ob nur Mangel
an militärischer Einsicht oder politische Interessen den österreichischen
Feldherrn zu einem solchen Verfahren bestimmt haben, ist eine viel=
fach umstrittene Frage. Mir erscheint das Letztere wahrscheinlicher;
denn auch 1813/14 haben die politischen Rücksichten immer in
Schwarzenbergs Feldherrnthum die größte Rolle gespielt und oft
genug haben sie das Blücher'sche Hauptquartier in helle Verzweiflung
gebracht.

Tschitschagof, auf Skizze 1 mit u bezeichnet, auf diese Weise
von Schwarzenberg befreit, hatte unterdessen seinen Marsch ununter=
brochen auf Minsk fortgesetzt. Dieser Platz war nur mit einem
besonderen Detachement von 4000 Mann unter Bronikowski besetzt.
Zu seinem Schutz eilte auch die Besatzung von Bobruisk unter Dom=
browski herbei. Indessen schon am 16. gelang es Tschitschagof, sich
des wichtigen Punktes zu bemächtigen, dessen Besatzung ebenso wie
der nicht mehr zur Zeit gekommene Dombrowski auf Borissow
zurückwichen.

Napoleon hatte alle diese Unglücksfälle einen Tagemarsch vor
Orscha bereits erfahren und Folgendes angeordnet: Dombrowski
und Bronikowski sollten den Brückenkopf von Borissow halten,
Oudinot mit seinem Korps, dem 2., sich von Victor trennen, nach
Borissow marschiren und mit Dombrowski und Bronikowski vereint
Minsk wieder nehmen, eine Aufgabe, welcher diese 13 000 Mann
nicht gewachsen waren; Victor sollte mit den 12 000 Mann des
9. Korps, die ihm blieben, Wittgenstein in Schach halten.

Das Maß des Unglücks, welches die große Armee treffen sollte,
war indessen noch nicht voll; denn am 21. gelang es Tschitschagofs
Avantgarde unter General Lambert, sich durch einen kühn geführten
Angriff Borissows zu bemächtigen und Dombrowski unter empfind=
lichen Verlusten zurückzuwerfen, so daß am Abend des 21. diejenige
Situation eingetreten war, welche die Skizze 4 zeigt. Es ist dies
wohl derjenige Moment, in welchem die Lage der französischen Armee

am bedenklichsten erscheint. Wenn auch von der russischen Haupt=
armee nur die Parteigänger dem Kaiser Napoleon unmittelbar gefolgt
sind, während Kutusow selbst den Vormarsch auf der Straße über
Kopys gerade in der Zeit mit der größten Langsamkeit fortgesetzt
hat, zu der Alles darauf ankam, energisch nachzudrängen, so tritt
dennoch die Möglichkeit, das französische Heer zur Kapitulation zu
bringen, in einer Weise hervor, wie die Kriegsgeschichte nur wenige
ähnliche Beispiele kennt. Wenn je die Lage eines Feldherrn eine
verzweifelte genannt werden darf, so ist es die Napoleons am 21. No=
vember. Vor sich hat er einen schwer zu passirenden Fluß, die Beresina,
dessen jenseitiges Ufer ein feindliches Korps von 30 000 Mann unter
Tschitschagof besetzt hält, — auf Skizze 4 mit a a bezeichnet — in
seiner Flanke ein zweites feindliches Korps von 25 000 Mann unter
Wittgenstein — auf Skizze 4 mit b bezeichnet — und hinter sich eine
Armee von 50 000 Mann auf der Skizze 4, wie folgt, angegeben:

c d e die Parteigänger Platof, Jermolof, Davidof und Seßlawin,

f die Avantgarde Miloradowitsch,

g das Gros der Armee unter Kutusow,

g¹ das Detachement Oscharowski,

h das Detachement des Generaladjutanten Kutusow.

In der Lage, in der sich Kaiser Napoleon am 21. befand,
blieb ihm nur die Wahl, nordwärts oder südwärts auszuweichen,
um auf einem Umwege Wilna resp. die Verbindung mit Schwarzen=
berg zu erreichen oder direkt durchzubrechen. Der Kaiser wählte
das Letztere, das Kühnste. Zu diesem Zweck befahl er Oudinot:

„Am 23. müssen Sie im Besitz eines Uebergangs
sein, damit wir spätestens am 24. wissen, woran wir uns
zu halten haben."

Victor ließ er schreiben:

„Sie müssen die Straße von Lepel besetzen lassen, um
sicher zu sein, daß Wittgenstein nichts gegen Oudinot de=
taschire, wenn dies doch der Fall wäre, so muß der Angriff
sofort stattfinden."

Während der Kaiser und die Armee den Rückzug fortsetzten
und am 23. Bobr erreichten, überfiel Oudinot an diesem Tage

Tschitschagofs Avantgarde mit großem Erfolge und bemächtigte sich der Stadt Borissow wieder. Nur mit knapper Noth gelang es den Russen, die dortige Brücke zu zerstören. Die kritische Lage des französischen Heeres hatte sich also am 23. etwas gebessert.

Am 24. entschied sich Oudinot, nachdem er erfahren hatte, daß eine von Wrede abgezweigte Kavallerie-Brigade, welche an die Hauptarmee heranmarschirte, die Beresina auf einer Furt bei Studjenka passirt habe, für den Uebergang bei diesem Ort, zwei Meilen oberhalb Borissow. Er ließ dort Material zum Brückenbau herstellen, gleichzeitig aber lebhafte Demonstrationen unterhalb Borissow machen und die Nachricht verbreiten, daß er bei. dem Dorfe Ucholoby südöstlich Borissow — auf Skizze 5 angegeben — übergehen werde. Der Kaiser setzte die Generale Eblé und Chasseloup mit den Pontonieren und Sappeurs und dem kläglichen Rest des noch vorhandenen Arbeitsmaterials, welches die Fürsorge Eblés bei dem Verbrennen der Pontontrains in Orscha gerettet hatte, auf Studjenka in Marsch; auch vereinigte der Kaiser die Trümmer des 3. und 5. Korps, die Division Claparède und die herangezogene Besatzung von Mohilef unter Neys Befehl zu einem neuen Korps. Ney soll in Bobr Stand halten, bis auch Davout und Eugen heran sind. Der Kaiser selbst geht nach Loschniza.

Die Lage der französischen Armee verschlimmerte sich aber wieder durch die Maßnahmen, die der Marschall Victor gegen alle erhaltenen Instruktionen und Befehle auf dem nördlichen Kriegsschauplatze getroffen hatte. Derselbe hatte von Tschereja am 22. den Rückzug nicht in der Weise fortgesetzt, wie ihm der Kaiser befohlen hatte, unter Festhaltung der Straße Lepel—Baran—Borissow, sondern gab diese frei, indem er sich über Cholopenitschi—Natutitschi — siehe Skizze 4 — auf die große Moskauer Straße dirigirte. Auf diesem somit an und für sich fehlerhaften Rückzuge zeichnete sich am 23. der in der Arrieregarde befindliche badische Oberst Laroche durch thatkräftige Deckung der Verpflegungstrains vortheilhaft aus. Am 24. November fand der Markgraf Wilhelm selbst Gelegenheit, die in eine höchst mißliche Lage gerathene Arrieregarde unter General Delaitre aus dieser zu befreien und sein erstes selbständiges Gefecht zu leiten. Durch dasselbe gelang es ihm, die Russen bei Baturi

— siehe Skizze 5 — aufzuhalten, wodurch es dem 9. Armeekorps möglich wurde seinen Rückzug vom Feinde weiter unbelästigt fort= zusetzen. Das Gefecht bei Baturi am 24. November brachte dem Markgrafen Wilhelm und seinen Truppen große Lobsprüche des Mar= schalls Victor ein.

Die badische Brigade war als die letzte Truppe des Gros des 9. Armeekorps von Baturi aufgebrochen, doch hatte sich der Markgraf Wilhelm bald genöthigt gesehen, den General Lingg mit dem Leib=Infanterie=Regiment Großherzog Nr. 1 zur Unterstützung der vom General Delaitre kommandirten Arrieregarde stehen zu lassen. Der Feind drängte indessen so heftig nach, daß sich der Markgraf weiter= hin veranlaßt sah, mit seiner ganzen Brigade Halt zu machen und am Saume eines größeren Waldes Aufstellung zu nehmen. Zur Festhaltung desselben wurde es schnell erforderlich, „eine Kompagnie nach der anderen zum zerstreuten Gefecht aufzulösen", wodurch es gelang, die eingenommene Stellung bis zur einbrechenden Nacht zu behaupten, allerdings unter erheblichen Opfern, darunter todt 1 Offizier 60 Mann, verwundet 3 Offiziere 60 Mann. Der ge= fallene Offizier war der hoffnungsvolle Kapitän v. Imhof vom Leib= Infanterie=Regiment Großherzog Nr. 1, der beim Vorgehen an der Spitze seiner Kompagnie einen tödlichen Schuß durch den Kopf erhielt. Verwundet wurden von Offizieren der Kapitän Eichfeld und die Lieutenants Rau und Fröhlich vom leichten Infanterie= Bataillon Lingg, welches an diesen Tagen unter Führung des Kapitän Hufschmidt, welcher an Stelle des erkrankten Oberstlieutenant Peternell den Befehl übernommen hatte, mit ganz besonderer Aus= zeichnung focht.

Am 25. November brach Victor und mit ihm die badische Brigade in aller Frühe auf, um nicht erneut in ein Gefecht ver= wickelt zu werden. Gegen 2 Uhr mittags wurde die große Mos= lauer Straße bei Loschniza erreicht. Erschütternd war hier, — wie der Markgraf hervorhebt, — das erste Zusammentreffen mit der von Moskau zurückmarschirenden großen Armee. Es heißt in den Denk= würdigkeiten des Markgrafen Wilhelm wörtlich:

„Es defilirte gerade in diesem Augenblick die polnische Armee; ich ließ meine Brigade halten, um ein bisher nie

erlebtes Schauspiel näher zu beobachten. Es mögen etwa
zwanzig Adler gewesen sein, welche, von Unteroffizieren
getragen, zuerst vorbeikamen; diesen folgten mehrere Generale
theils zu Fuß, theils zu Pferd; einige trugen Damen=
mäntel von Seidenzeug mit Zobel besetzt, und nun folgte
eine Anzahl von vielleicht 500 bewaffneten Soldaten,
der traurige Ueberrest eines Armeekorps, das den feind=
lichen Boden mit 30—40 000 Mann betreten hatte. Dabei
war das Wetter außerordentlich schön, und die Sonne
beleuchtete mit ihren Strahlen diese für uns Alle so er=
schütternde Scene."

Die Nacht vom 25. auf 26. November hielt Victor mit dem
9. Armeekorps zwischen Ratutitschi und Loschniza, die badische
Brigade befand sich in letzterem Ort. Von diesem aus richtete der
Markgraf seinen letzten schriftlichen Befehl in diesem Feldzug an
seine Brigade, denn von nun ab wurde es, wie der Markgraf selbst
bezeugt, „zur Unmöglichkeit, irgend etwas Geschriebenes auszufertigen".
Der Befehl ist für das ernste Streben des Markgrafen, selbst in=
mitten dieser allgemeinen Unordnung, die in der Armee eingerissen
war, unter seinen Truppen auf Ordnung zu halten, so bedeutsam,
daß er hier im Wortlaut wiedergegeben werden soll:

Loschniza, 25. November 1812.

„Morgen wird nach Borissow marschirt und aller
Wahrscheinlichkeit nach vor Seiner Majestät dem Kaiser
die Revue passirt. Die Herren Kommandeure werden
auf der Stelle alle Anstalten machen, um die Bataillone
in einen so reinlichen und schönen Stand wie möglich zu
setzen."

Am Abend des 25. zeigte der auf Befehl des Markgrafen für
den Kaiser angefertigte Rottenzettel noch 2240 Mann unter den
Waffen, bei den obwaltenden Verhältnissen noch eine recht ansehnliche
Frontstärke. Dieselbe fiel um so mehr ins Gewicht, als diese
Truppen vom besten Geiste beseelt waren.

Durch den überaus fehlerhaften Heranmarsch Victors an die
große Straße von Smolensk war es somit Wittgenstein möglich

geworden, direkt von Cholopenitschi auf Studjenka zu marschiren,
doch gelangte er thatsächlich nur bis Barau. — Buchstabe b b b auf
Stizze 5. — Im Uebrigen verlief der 25. in folgender Weise:

Die Ingenieurgenerale Eblé und Chasseloup langten in aller
Frühe in Borissow an, ließen dort einiges Material zur besseren
Betreibung von Demonstrationen zurück und erreichten nachmittags
um 5 Uhr Studjenka. Die Brückenböcke, welche Oudinot dortselbst
seit gestern hatte zimmern lassen, erwiesen sich bei der Prüfung durch
die Pontoniere als unbrauchbar, so daß in diesem kritischen Moment
noch durch eine technische Ungeschicklichkeit der Brückenschlag weiterhin
verzögert wurde.

Indessen blieb dieser Umstand ohne größere Bedeutung, da die
Täuschung Tschitschagofs vollständig gelang. Derselbe hielt den
Uebergang unterhalb Borissow für wahrscheinlich und setzte seine
Armee auf Sabaschewitschi in Marsch, während Oudinot noch am
Abend in der Dunkelheit sein Korps von Borissow nach Studjenka
führte. An Victor ließ der Kaiser zornerfüllt schreiben;

„Ihr Hauptaugenmerk, mein Herr Herzog, mußte stets
dahin gerichtet sein, den General Wittgenstein zu ver=
hindern, Oudinot zu erreichen. Sie haben aber Alles
dieses nicht gethan. Der Kaiser ist erstaunt, daß Sie die
Straße von Lepel nach Borissow gänzlich aufgegeben haben.
Es ist traurig, daß, da Sie dem Feinde gegenüberstanden,
Sie denselben nicht tüchtig geschlagen haben. Brechen Sie
morgen vor Tag mit zwei ihrer Divisionen auf, um nach
Borissow und von da nach dem Uebergangspunkt zu
kommen."

Ich glaube, daß man die Vorwürfe, welche der Kaiser hier
Victor macht, nur als gerechte bezeichnen kann. Wittgenstein nutzte
jedoch den schweren Fehler Victors, das Freigeben der Straße von
Lepel, nicht aus, da er den alles in Frage stellenden direkten Vor=
marsch auf Studjenka nicht durchführte. Am Abend des 24. No=
vember war die Situation diejenige, welche die Stizze Nr. 5 zeigt.

Diese Situation trägt bereits den Keim des Gelingens für den
Uebergang des Kaisers in sich, denn während die sämmtlichen Korps
desselben sich im Marsch auf den entscheidenden Punkt befinden,

entfernt sich der eine russische Feldherr — Tschitschagof — auf
Skizze 5 a a — von diesem mit der Masse seiner Kräfte in
südlicher Richtung, der andere — Wittgenstein — auf Skizze 5
b b — wagt nicht, auf ihn loszugehen, und ein Eingreifen der
russischen Hauptarmee ist bereits ausgeschlossen, da ihr Feldherr
Kutusow allen Muth verloren hat und sich mit der Armee noch
16 Meilen vom entscheidenden Punkt entfernt befindet, seine Avantgarde
bei Staroßelje — auf Skizze 5 e — sein Gros bei Kopys am Dnjepr
— Skizze 5 f —.

Am 26. setzte Oudinot in aller Frühe seine Avantgarde über
den Fluß, welche nach geringem Widerstand das schwache russische
Detachement Kornilow aus Brili auf Stachow zurückwarf (siehe den
Schlachtplan für den 28. November).

Das am 25. bereits bei Studjenka befindliche stärkere russische
Detachement Tschaplitz war auf den wiederholten Befehl des in Borissow kommandirenden Generals Langeron in der Nacht nach Borissow
abgerückt, da der General Langeron seinen Befehl trotz aller warnenden
Meldungen von Tschaplitz aufrecht erhielt, welcher die Vorbereitungen
zum Brückenschlag bei Studjenka genau erkannt hatte.

Um 8 Uhr begann Eblé mit dem Schlagen von zwei Brücken,
zu welchem derselbe das Material durch Niederreißung einiger hölzerner
Häuser in Studjenka gewonnen hatte. Um 1 Uhr war die nördliche
für die Infanterie und Kavallerie, um 4 Uhr die südliche für die
Artillerie und Trains bestimmte fertig. Die Beresina war an
diesem Tage 100 bis 110 Meter breit, durchschnittlich 2 Meter tief
und trieb eine Menge von Eis. Daß es trotzdem den französischen
Pontonieren gelaug, mit dem kläglichen Material, das ihnen zur
Verfügung stand, das Werk in 8 Stunden auszuführen, bei dem
sie häufig bis zur Brust in dem Eiswasser des Flusses standen,
zeigt zähe Ausdauer und edle Aufopferung neben großer technischer
Gewandtheit.

Ich darf hierbei nicht unterlassen anzuführen, daß hinsichtlich
der Lage und Anzahl der über die Beresina geschlagenen Brücken
geschichtlich immer noch Zweifel bestehen. So schließt eine diese
Frage berührende Studie des Oberst von Hartmann — die im
vorigen Jahre als Beiheft zum Militär-Wochenblatt erschienen ist —

3*

abweichend von der Ansicht, die ich mir gebildet habe, mit folgenden
Worten:

„Jedenfalls ist als erwiesen anzunehmen, daß der
Uebergang über die Beresina auf drei Bockbrücken erfolgt
ist, von denen zwei bei Wesselowo unter Oberleitung der
Generale Eblé und Chasseloup von den Pontonieren und
dem Genie und eine bei Studjenka von den Sappeuren (also
Pionieren) des 2. Armeekorps erbaut worden sind."

Ich vermag beim besten Willen diese Behauptung nicht als
erwiesen zu erachten und muß, gestützt auf die neueren Angaben in
den nachgelassenen, jetzt veröffentlichten Tagebüchern von Oudinot,
Marbot, Castellane sowie dem russischen Werk von Charkewitsch,
und der auf dieses Werk basirten Studie des Generalmajor Krahmer*),
sowie auch auf Grund der ganz vortrefflichen Regimentsgeschichte des
badischen Leib-Grenadier-Regiments von Hauptmann von Barsewisch,
dabei bleiben, daß:

1. Nur zwei Brücken geschlagen wurden, weil der Bau der
   dritten aus Mangel an Material unterbleiben mußte.

2. Die gebauten beiden Brücken nicht bei Wjesselowo sondern
   bei Studjenka lagen und zwar 215 Meter voneinander
   entfernt. Die eine für Infanterie oberhalb des Dorfs, die
   andere für Artillerie und Kolonnen, fast der Mitte des Dorfs
   gegenüber.

Eine mir vom Kammerherrn von Göler gütigst überlassene
kleinere Schrift aus dem Jahr 1829 des französischen Generals
Chambray giebt einen Aufschluß in dieser Angelegenheit, der mir
bedeutsam erscheint: Chambray behauptet, auf den Karten, die der
Kaiser zum Feldzuge 1812 habe austheilen lassen, hätte der Name
Studjenka überhaupt nicht gestanden, sondern nur Wjesselowo, und
so seien die Irrthümer hinsichtlich der Lage der Brücken entstanden,
thatsächlich seien die Brücken bei Studjenka gewesen. Ich habe
Gelegenheit gehabt, mich von der Richtigkeit dieser Behauptung zu

---

*) Krahmer: Die Operationen der Russischen und Französischen Armee
im Kriege 1812. 7. und 8. Beiheft zum Militär-Wochenblatt 1894.

überzeugen, da mir ein Exemplar einer alten französischen Karte vom Jahre 1812 zugänglich gewesen ist, auf welcher Stubjenka thatsächlich nicht steht, sondern nur Béselowo.

Ueber die fertiggestellten Brücken ging zunächst Dubinot, zwang Kornilow, auf Stachow zurückzugehen, nahm die Front nach Süden und stieß zwischen Brili und Stachow auf den wieder herbeieilenden Tschapliß, der aber nur vermochte Kornilow auf= zunehmen. Zurückwerfen konnte er Dubinot nicht, so daß es diesem gelang, sich des sehr wichtigen Postens von Sembin zu bemächtigen, ohne daß es der dortigen Besatzung möglich gewesen wäre, die über die Sumpfniederung führenden Knüppeldämme zu zerstören, wodurch das französische Heer in neue große Ungelegenheiten ge= kommen wäre.

Während Tschitschagof sein Heer weiter im Süden von Borissow bei Sabaschewitschi versammelt, geht Wittgenstein ebenfalls an diesem Tage der bedeutenden Entscheidung, die er noch immer bewirken konnte, aus dem Wege und marschirt mit übertriebener Vorsicht weiter auf Borissow anstatt direkt nach Stubjenka, obgleich er auf das Bestimmteste den Uebergang bei diesem Ort erfahren hatte.

Am Abend des Tages ist die französische Armee zwischen Losch= niza, Borissow, Stubjenka versammelt.

Die badische Brigade war am 26. schon um 3 Uhr Morgens von Loschniza aufgebrochen und nach Borissow marschirt. Auf ihrem Marsch war sie zuerst auf die badische Bagage gestoßen, die nicht mehr über die Beresina konnte, dann aber hatte sie ein un= erwarteter Glücksschlag getroffen, denn sie traf im Marsche bei Njemaniza auf einen badischen Konvoi von 41 Wagen mit vorzüglich erhaltenen Verpflegungsgegenständen und 2000 Paar Schuhen, den der Lt. Hammes, im Juli von Karlsruhe aufbrechend, in einem stellenweise geradezu romanhaft klingenden Zuge unter den ver= schiedensten Drangsalen und größten Schwierigkeiten durch Deutschland und Rußland hier in der Stunde der größten Noth seinem Ziele zuführte. Sein Eintreffen war, wie ihm der Markgraf selbst be= zeugt, von „unschätzbarem Werth" und brachte die vortrefflichste Stimmung hervor".

— 38 —

Am Abend des 26. November ist die Situation diejenige, welche Skizze Nr. 6 zeigt. Die russische Hauptarmee — auf Skizze 6 mit e und f bezeichnet — ist nur sehr zaghaft vorgegangen; noch zaghafter hat Wittgenstein gehandelt, welcher auf Skizze 6 mit b bezeichnet ist. Tschitschagof steht in völliger Verkennung der Lage bis auf kleine Abtheilungen, die er dem Feinde gegenübergelassen, unthätig mit dem ganzen Gros seiner Kräfte bei Sabaschewitschi — auf Skizze 6 mit a a bezeichnet.

Um ganz sicher zu gehen, ließ der Kaiser in der Nacht vom 26./27. die noch zurückbefindlichen Korps den Marsch nach kurzer Rast fortsetzen und bis zum letzten Athemzuge marschiren und hatte am Vormittage des 27. Alles bei Studjenka zusammen. Nur die Division Partonneaux, etwa 4000 Mann vom Korps Victor, hielten noch auf ausdrücklichen Befehl des Kaisers Borissow besetzt, um dort die Täuschung bis zum letzten Moment zu erhalten. In der Nacht war Ney noch über den Fluß gegangen. Die Brücke für das Fuhrwerk war zweimal gebrochen, aber von den Pontonieren mit dem größten Eifer wieder hergestellt worden. Am 27. wurde der Uebergang ununterbrochen bis in die Nacht von der übrigen Armee fortgesetzt. Der Kaiser ging mittags um 1 Uhr über. Bis zum Nachmittag gelang es, die Ordnung im Großen und Ganzen zu erhalten. Als aber 4 Uhr nachmittags die Brücke für die Trains zum zweiten Mal brach und Tausende von Nachzüglern sich mit ihrem Troß in den Raum zwischen dem Fluß und Studjenka zusammendrängten, riß naturgemäß nunmehr eine große Unordnung auf den Brücken ein. Dabei ist zu erwähnen, daß ein großer Theil der sich zwischen den Brücken und Studjenka anhäufenden Nachzügler sich dort lagerte, Feuer anmachte und, sei es aus Ermüdung, sei es aus Stumpfsinn, nicht zum Uebergang in der Nacht vom 27./28. zu bewegen war, während welcher, wie Marbot und andere bezeugen, die Brücken völlig frei waren.

Umringt und eingetheilt in Schwärme von Isolirten und Marodeuren aller Korps, hatte der Markgraf Wilhelm am 27. seine badische Brigade in mustergültiger Haltung von Borissow nach Studjenka gebracht. Nur mit dem Aufwande hoher Energie konnte gegen Abend der Zugang zu den Brücken erreicht werden und der Uebergang über die südliche Brücke erfolgen. Auf dem rechten Ufer angelangt, mußte der Markgraf eine Aufstellung zunächst der Brücke nehmen. Hier sah er das brave 1. Bataillon des 2. Infanterie-Regiments wieder, welches während des ganzen Feldzuges den Dienst im Kaiserlichen Hauptquartier versehen hatte. Auch dieses hatte inmitten der allgemeinen Unordnung eine gute Haltung bewahrt, die Grenadier-kompagnie Pfuor zählte noch 80 wehrhafte Männer in Reih und Glied.

Auf beiden Ufern kam es bereits am 27. November zu ernsteren Gefechten. Auf dem linken führte Tschitschagof, nachdem er endlich Klarheit über die Verhältnisse gewonnen hatte, seine Hauptkräfte heran, konnte aber mit denselben nicht vor Abend Borissow erreichen. Die Theile seiner Armee, welche schon an diesem Tage eingreifen konnten, immerhin 6000 Mann unter Tschaplitz, ließen sich, ohne große Verluste zu erleiden, von Oudinot derartig in Schach halten, daß sie nur wenig Terrain in der Richtung über Stachow auf Brili gewannen, obgleich hier gewiß ein Moment war, wo ein kleines Korps sich zur Erreichung eines großen Zwecks bis zum letzten Mann aufopfern mußte, denn dem Feinde den Flußübergang zu wehren, darauf kam Alles an, kein Opfer durfte daher an der Stelle gescheut werden, wo er durchbrechen wollte.

Was Wittgenstein auf dem linken Ufer anbetrifft, so setzt er seinen Marsch auf Borissow fort; den Entschluß, direkt auf Stubjenka loszugehen, findet er auch an diesem Tage nicht. Er stieß daher nur nördlich Borissow mit der Division Partouneaux zusammen. Während des kurzen Gefechts, das Wittgenstein am 27. November mit Par-touneaux hatte, gelang es dem russischen Parteigänger Platof, sich Borissows zu bemächtigen. Die dortige Brücke wurde noch am Abend in aller Eile hergestellt und damit die Verbindung zwischen Tschitschagof und Wittgenstein bewerkstelligt.

Am Abend des 27. war die Situation diejenige, welche die Skizze 7 zeigt. Der Kaiser hat die französischen Armee-Korps südlich Sembin vereinigt — siehe Skizze 7 — g — g —. Auf dem linken Ufer vor-wärts Stubjenka — auf der Skizze mit h bezeichnet — steht nur noch Victor mit der Division Girard und der Kavallerie-Division Fournier, als äußerste Arrieregarde befindet sich die Division Partouneaux mit

der Kavallerie = Brigade Delaitre noch zwischen Stubjenka und
Borissow — auf Skizze 7 mit b¹ bezeichnet. Der Uebergang war
dem Kaiser mit dem Gros seiner Armee gelungen, es kommt nur
noch darauf an, den Abzug zu erkämpfen, und auch das sollte dem
Kaiser noch gelingen.

In der Nacht vom 27./28. langte noch der russische Parteigänger Jermolof in Borissow an. Hier wurde der gemeinsam von
Wittgenstein und Tschitschagof zu unternehmende Angriff derart
verabredet, daß der erstere auf dem linken Ufer, der letztere dagegen
im Verein mit Platof und Jermolof auf dem rechten Ufer angreifen sollte.

Während aber am 28. die russischen Generale seltsamerweise
nur einen Theil ihrer Truppen ins Gefecht brachten und noch dazu
sehr allmählich und unter sehr ungünstigen Bedingungen, gelang es
Ney auf dem rechten Ufer sowie Victor bei Stubjenka auf dem
linken, noch einmal in letzter Stunde, in einem sehr blutigen Kampfe
einen glänzenden taktischen Doppelsieg zu erringen. Auf dem rechten
entschied die glänzende Attacke des Generals Doumerc gegen Abend
den Tag, an welchem allein 1500 Russen gefangen wurden. Der
auf dem rechten Ufer von Victor erfochtene Sieg interessirt hier
besonders. Der Tag begann hier damit, daß der Kaiser, der die
Brücken noch am 28. halten wollte, die Division Dändels wieder
zurück auf das linke Ufer gehen ließ. Der Markgraf sagt hierüber
wörtlich:

„War das Hinüberkommen schon äußerst schwierig
gewesen, so zeigte sich das Wiederpassiren der Brücken mit
noch größeren Hindernissen verknüpft; denn der Andrang
von Fuhrwerken und einer regellosen Masse Unbewaffneter
war ein ungeheurer; eine Menge Verwundeter und
Kranker wurden unbarmherzig von den Brücken in den
Fluß geworfen, dabei herrschte das heftigste Schneegestöber.
Einzelne Reiter versuchten, mit ihren Pferden durch das
Wasser zu schwimmen, blieben aber im Schlamme stecken
— kurz, wo man hinsah, Scenen des Jammers und Elends.
Endlich gelang es mir, mit der Infanterie das linke Ufer
zu erreichen; meine Artillerie hatte ich auf dem rechten

zurücklassen müssen, da es ihr nicht möglich war, an die Brücken heranzukommen."

Als Stellung zur Deckung der Brücken hatte der Marschall Victor den Kamm des auf dem „Plan zur Schlacht an der Beresina" ersichtlich gemachten Höhenzuges gewählt, an dessen nordwestlichem Hange das Dorf Stubjenka lag, welches nur noch aus wenigen Baulichkeiten bestand, da man die meisten, um das Material zu den Brücken zu gewinnen, eingerissen hatte. Vor diesem Höhenzug floß ein kleiner Bach in einem Grunde von etwa 500 Meter Breite, der sich nach Südosten zu hinzog. Während somit der rechte Flügel an der Beresina eine gute Anlehnung fand, war der linke völlig offen. Das in der Front befindliche geringfügige Hinderniß ver= mochte dem Feind sein Vordringen nur wenig zu erschweren, da die südlich vorliegenden Waldungen demselben einen völlig gedeckten An= marsch gewährten.

Den Kern und Mittelpunkt der Stellung bildete das wenig ver= theidigungsfähige Stubjenka. Die Besetzung dieser Stellung war, wie folgt, angeordnet:*)

Rechter Flügel: von der Beresina bis einschließlich Stubjenka die badische Brigade, 7 Bataillone — einschließlich einem französischen**) — mit 4 französischen Ge= schützen. Die badische Artillerie war auf dem rechten Ufer auch weiter verblieben, da das Ge= dränge und die Unordnung auf den Brücken es unmöglich machten, sie wieder über den Fluß herüberzuziehen. Vom rechten Ufer aus sollten die badischen Batterien den Zugang über den vor dem rechten Flügel der Stellung befindlichen zu= gefrorenen Sumpf unter Feuer nehmen.

Centrum: die bergische Brigade und die polnische Brigade der Division Girard, 13 Bataillone.

Linker Flügel: die sächsische Brigade und die Artillerie der Di= vision Girard, 4 Bataillone, 14 Geschütze. Ge= staffelt hinter dem linken Flügel stand Fournier

---

*) Vergl. „Plan zur Schlacht an der Beresina".
**) IV./55. unter dem Bataillonschef Joyeur, siehe nächste Seite.

mit den badischen Husaren und heſſiſchen Chevaux=
legers (7 Eskadrons). Alle Truppen ſtanden
gedeckt hinter dem Kamm des Höhenzuges, nur
Schützenſchwärme auf demſelben.

Bei dem Einrücken der badiſchen Brigade in die Aufſtellung
des 9. Korps gab ſich dies noch der völligen Ruhe hin, da die in
Boriſſow zurückgelaſſene Arrieregarde, die Diviſion Partouneaux mit
der Kavallerie=Brigade Delaitre, noch nicht ſichtbar war, als plötzlich
dem Markgrafen gemeldet wurde, es zeigten ſich Koſaken. Der
Markgraf ſandte den Lieutenant von Ammerongen von den badiſchen
Huſaren zur Rekognoszirung vor und erhielt bald von ihm die
Meldung, daß ſtarke feindliche Kolonnen im Anmarſch ſeien, und
faſt gleichzeitig brachte ein franzöſiſcher Offizier die Nachricht, daß
die Diviſion Partouneaux nebſt der Brigade Delaitre gefangen worden
ſei.*) Dies war thatſächlich richtig, der Kommandeur General
Partouneaux war bereits am Tage zuvor bei einer Rekognoszirung
mit ſeinem Generalſtabschef und den Brigadegeneralen Billard und
Blamont ſowie Delaitre dem Feind in die Hände gefallen. Hierauf
hatte General Camus das Kommando übernommen. Dieſer war
von Boriſſow einen falſchen Weg marſchirt, unter die feindlichen
Truppen gerathen und gezwungen worden, ſich den Ruſſen nach
mehrfachen Verſuchen, ſich durchzuſchlagen, zu ergeben. Die Di=
viſion Partouneaux war daher keineswegs, wie dies vielfach dar=
geſtellt wird, durch die Maßnahmen Wittgenſteins umſtellt worden,
ſondern ſie hatte ſich im wahren Sinne des Wortes einfach ver=
laufen. Dies beweiſt auch der Umſtand, daß ihr äußerſtes Arriere=
garde=Bataillon vom franzöſiſchen Regiment 56 mit 4 Zwölf=
pfündern, welches den richtigen Weg einſchlug, ohne Schwierigkeiten
durchkam und nun mit ſeinen Geſchützen der badiſchen Brigade zu=
getheilt wurde.

Der feindliche Angriff ſuchte zunächſt merkwürdigerweiſe längs
der Bereſina vorzudringen und warf nach einem ſehr heftigen Ge=
fecht die Bataillone des rechten Flügels des Markgrafen zurück,

---

*) Darunter das vortreffliche ſächſiſche Dragoner=Regiment Prinz Johann,
welches in dem ganzen Feldzuge ausgezeichnete Dienſte geleiſtet hatte.

nachdem dieselben ihre Munition völlig verschossen hatten. Als der hier kommandirende Generalmajor Lingg einen Schuß in den Arm erhielt, eilt der Markgraf sofort persönlich auf den bedrohten Punkt, setzt sich an die Spitze des als Verstärkung von ihm vorbeorderten zweiten Bataillons seines Regiments (Bataillon Corneli), führt es im Sturmmarsch mit dem Bajonett, ohne einen Schuß zu thun, vor und wirft die Russen zurück. Dem an der Seite des Markgrafen reitenden Ordonnanzoffizier, Lieutenant v. Strauß, wird hierbei das Pferd unter dem Leibe erschossen und der Ordonnanzhusar des Markgrafen tödlich getroffen. Während dies auf dem rechten Flügel vor sich ging, umfaßte der Feind den linken immer empfindlicher, so daß der Marschall Victor der bergischen Brigade den Befehl gab, vom Centrum aus diesen Fortschritten des Feindes entgegenzutreten.*) Zweimal versuchten die bergischen Bataillone, den Feind zum Weichen zu bringen. Nachdem jedoch ihre Führer, die Generale Damas und Geiter, schwer verwundet worden waren, und sie die empfindlichsten Verluste erlitten hatten, war ihre Angriffskraft gebrochen und ihr Rückzug unvermeidlich.

Sobald der Marschall Victor die rückwärtige Bewegung der bergischen Brigade sah, gab er dem General Journier den Befehl zur Attacke. Im Anreiten wurde jedoch auch dieser verwundet, und nun übernahm der badische Oberst Laroche den Befehl.

Die badischen Husaren im ersten, die hessischen Chevauxlegers im zweiten Treffen, stürzt er sich auf die russische Infanterie, die schleunigst Karree bildet. Sein Stoß trifft das Karree des russischen 34. Jäger-Regiments. Dasselbe wird gesprengt, zusammengehauen, der Rest von 500 Mann gefangen genommen. Hierauf wirft sich Oberst Laroche auf die zur Degagirung anreitenden russischen Küraffiere und bringt auch deren Gegenangriff zum Stehen. Hierbei geräth der tapfere Führer, persönlich schwer verwundet, vorübergehend in russische Gefangenschaft, aus welcher ihn jedoch der brave Wachtmeister Springer und der Unteroffizier Dünkel wieder heraushauen. Schwer waren die Opfer des tapferen Husaren-Regiments. Außer Oberst v. Laroche waren Rittmeister Bischoff, die Lieutenants

---

*) Siehe „Plan zur Schlacht an der Beresina".

v. Preen, v. Ammerongen und v. Mitz verwundet und über 150 Mann tobt und verwundet.

Nach dieser glorreichen und denkwürdigen Attacke gab der Feind alle Angriffsversuche auf und beschränkte sich darauf, die badische Brigade durch seine überlegene Artillerie unter ein verheerendes Feuer zu nehmen, welches große Verluste anrichtete.

Die badische Artillerie konnte vom rechten Ufer der Beresina nur durch „Bogenschüsse" in das Gefecht eingreifen, um die Fortschritte der Russen zu hemmen, wenn dieselben gegen die vorwärts Studjenka stehenden badischen Truppen vordrangen und vorübergehend Terrain gewannen.

Gegen Abend ging der Feind noch einmal gegen den rechten Flügel der Brigade vor. Der Markgraf ließ die dortigen Truppen durch des II. Bataillon des 2. Regiments ablösen, und nachdem sich auch dieses verfeuert und sein Kommandeur Oberst v. Etzdorff schwer verwundet zurückgetragen war, sandte der Markgraf noch das I. Bataillon des Regiments Großherzog dorthin. Andauernd steigerten sich die Verluste, dieselben waren namentlich groß an Offizieren, so riß eine Kanonenkugel dem Kapitän v. Woldeck von der Leibkompagnie des Regiments des Markgrafen Nr. 3 den Kopf weg, eine andere dem Hauptmann Mahler ein Bein, von den Lieutenants des Regiments fiel der Lieutenant Rutschmann, während die Lieutenants v. Dürrheim, de Rosée und Spinner verwundet wurden. Vom Regiment Großherzog Nr. 1 blieben die Lieutenants Holz I. und Oehl, während Premierlieutenant v. Göler und Lieutenant Obermüller verwundet wurden; beim 2. Regiment fiel der Lieutenant Dörr, verwundet wurden außer dem Oberstlieutenant v. Etzdorff der Hauptmann Knapp, der Premierlieutenant Betz und die Lieutenants Hieronimus und v. Arnoldi. Vom leichten Infanterie-Bataillon Lingg wurde Kapitän Hecht tödlich verwundet, außerdem leicht die Lieutenants Sachs und Clauer, der Lieutenant Rieß fiel. Von den Offizieren des Stabes des Markgrafen Wilhelm wurde außer dem bereits genannten Lieutenant v. Strauß, Oberstlieutenant v. Grolmann, der Chef des Generalstabes und Hauptmann Kalenberg, der 1. Adjutant, schwer verwundet.

Als die Nacht hereinbrach, hatte die badische Brigade nicht allein die Stellung inne, die sie am Morgen besetzte, sondern an einzelnen Stellen war sogar Terrain gewonnen; aber außer 28 Offizieren betrug der Verlust an Unteroffizieren und Mannschaften 1100 Mann, so daß das Abzählen der Rotten am Abend noch 900 Mann in Reih und Glied ergab. Der Marschall Victor begab sich zum Markgrafen und lobte ungemein das Benehmen der badischen Truppen, denen der Kaiser sicherlich nicht die verdiente Anerkennung vorenthalten werde; aber als später das berühmte 29. Bulletin erschien, da fand sich nicht ein Wort der Anerkennung für die badische Brigade und ihren thatkräftigen Führer.

Man wird sich hierüber nicht wundern, wenn man sich den traurigen Erlaß vom Jahre 1809 vergegenwärtigt, durch welchen der Kaiser, aufgebracht durch das Lob, welches Bernadotte für Wagram den Sachsen zu Theil hatte werden lassen, seinen Marschällen jedes Loben der Truppen seiner Verbündeten geradezu verbot. Der Kaiser ließ Berthier damals Folgendes schreiben:

„Indépendamment de ce que Sa Majesté commande son armée en personne, c'est à elle seule qu'il appartient de distribuer le dégré de gloire que chacun a mérité. — Sa Majesté doit le succès de ses armes aux troupes françaises et non à aucun étranger. L'ordre du jour du Prince de Ponte-Corvo, tendant à donner de fausses prétentions à des troupes aux moins médiocres est contraire à la verité, à la politique et à l'honneur national."

Um Mitternacht vom 28./29. November erhielt der Markgraf Wilhelm, der einzige noch dienstfähige General des 9. Korps, den Befehl zum Abzuge und Abbruch der Brücken. Er ertheilte der Grenadierkompagnie des Regiments Großherzog unter Kapitän v. Zech den Befehl zur Freimachung und Besetzung der Brücken, dessen Ausführung nur unter den größten Anstrengungen, stellenweise unter Gebrauch des Bajonetts gelang.

Der Uebergang über die Brücke unter Mitnahme des größten Theils der Verwundeten vollzog sich äußerst langsam. Die zuerst unter Oberst Carron übergehende Artillerie des 9. Armeekorps

wurde wiederholt durch Fuhrwerke und Reiter, die sich in die
Marschkolonne hineindrängten, aufgehalten. Als sich der Uebergang
der Artillerie andauernd verzögerte, wurde der Markgraf von allen
Seiten, namentlich von den Polen, gedrängt, auf die Artillerie
keine weitere Rücksicht zu nehmen und mit der Infanterie ab=
zumarschiren. Der Markgraf wies alle Wünsche energisch zurück
und verharrte in den eingenommenen Positionen. Er that dies —
wie er in seinen Memoiren hervorhebt — um so entschiedener, als
ihm noch das 1. Bataillon des Regiments Großherzog fehlte, welches
unter Kommando des Hauptmanns v. Poly in dem den Russen ab=
genommenen Gehölz verblieben war. Als mehrere Ordonnanzen
mit der Meldung zurückkehrten, daß der Feind bereits zwischen dem
Bataillon und der Brigade stehe und ein Befehl an ersteres nicht
mehr durchzubringen sei, versprach der Markgraf einem Unteroffizier
die Medaille, wenn er das Bataillon zurückhole, und hatte bald darauf
— wie er selbst bezeugt — die Freude, den ganzen Rest seiner Brigade
um sich versammelt zu sehen.

Den darauf gegen 1 Uhr morgens erfolgenden Uebergang der
badischen Brigade über den Fluß schildert der Markgraf selbst mit
folgenden Worten:

„Als wir an die kleine Brücke kamen, war dieselbe unbrauchbar
geworden, es mußte daher an die größere Brücke marschirt werden,
was uns neue unsägliche Schwierigkeiten verursachte. Man war
genöthigt, Mann für Mann sich durch eine Masse aufgehäufter
Fuhrwerke, Menschen und Pferde durchzuarbeiten, die zertrümmert,
verwundet oder getödtet durcheinander lagen. Ein Mal wurde ich
so fest an ein zwischen Wagen eingezwängtes Pferd gedrückt, daß
ich mir nicht anders zu helfen wußte, als einem Soldaten hinter
mir das Gewehr zu entreißen und es niederzustoßen. Als ich darüber
weg schritt, traf mich ein Schlag des in den letzten Zuckungen
liegenden Thieres, der mich nicht unerheblich verletzte. In diesem
chaotischen Knäuel erblickte ich in geringer Entfernung die von einem
brennenden Wagen beleuchtete Gestalt des Oberst v. Laroche; ich rief
ihm zu, sich an mich anzuschließen, aber alle seine Versuche durch
das Gedränge durchzukommen blieben erfolglos. Ich befahl nun
der mir folgenden Kompagnie, Oberst v. Laroche aus dem Gedränge

zu befreien, es koste was es wolle, und zu mir zu bringen, was ihr auch glücklich gelang; aber die tiefe Hiebwunde vom vorigen Tage war noch immer unverbunden und klaffte weit auf vom Munde bis zum Ohr."

Jenseits der Beresina angelangt, ließ der Markgraf sofort wieder aufmarschiren und Front gegen die Brücken nehmen, welche nun zerstört wurden.

Jetzt spielte sich an denselben ein Trauerspiel ab, dessen Schreck= nisse die glänzenden Waffenthaten, die ihnen vorangegangen waren, auf lange verdunkeln sollten. „Keine Feder", sagt der Markgraf, „vermag den Jammer zu beschreiben, der sich dem Auge darbot, fast 10 000 Isolirte fielen in die Hände der Russen, desgleichen die kaiserliche Kriegskasse sowie die Wagen der meisten Generale und eine unermeßliche Beute." Aber die Gerechtigkeit fordert hinzu= zufügen, daß die Isolirten dies Geschick, welches sie hier ereilte, selbst verschuldet hatten, da sie trotz wiederholt erhaltener Ermahnungen und Befehle nicht zum rechtzeitigen Uebergang zu bewegen gewesen waren und ihn in der Masse erst am 28. früh begannen, als die badische Brigade auf das linke Ufer der Beresina zurückgeholt wurde und sie merkten, daß sich der Feind nähere.

Die feste unerschütterliche Haltung, welche die badischen Truppen inmitten des in der Auflösung befindlichen Napoleonschen Heeres zeigten, wurde in erster Linie — wie einer der Mitkämpfer von 1812, der Hauptmann Walz vom Regiment Großherzog bezeugt — „durch die hohe Persönlichkeit des kommandirenden Generals bewirkt, in welchem die Truppen einen edlen Prinzen ihres erhabenen Fürstenhauses verehrten und liebten, der in den gefahrvollsten Momenten, in den mißlichsten Zeiten dieses verhängnißvollen Feldzuges stets an ihrer Spitze, mit rastloser Bemühung unaus= gesetzt für ihr Wohl besorgt war und alle Entbehrungen und Anstrengungen mit ihnen theilte. Darum fanden auch Alle den höchsten Stolz darin, dem allverehrten Führer ihre Treue und Ergebenheit durch unerschütterliche Pflicht= erfüllung zu beweisen. Ja, selbst nach der Auflösung der Brigade wurden noch die Bande der militärischen

Ordnung durch die Liebe der Soldaten zu ihren Vor=
gesetzten aufrecht erhalten."

Der Markgraf Wilhelm hat nach seiner Ankunft in Königsberg,
nachdem er allen Drangsalen der Rückzugskatastrophe zwar entronnen,
körperlich selbst aber anf das Aeußerste ermattet und fast aller
Offiziere seines Stabes sowie seiner gesammten Papiere beraubt
war, bereits am 20. Dezember 1812 dem Großherzog in Karlsruhe
in schlichten aber hochherzigen Worten eingehend Bericht über das
Schicksal seiner tapferen Truppen erstattet. Dieser Bericht ist eins
der werthvollsten Dokumente für die Geschichte des Rückzugs 1812
und ein glänzendes Zeugniß von dem seltenen Gedächtniß und Pflicht=
gefühl des Markgrafen. Der an der Beresina verwundete Haupt=
mann v. Kalenberg brachte das Schriftstück nach Karlsruhe. In
Erwiderung desselben überbrachte der Flügeladjutant des Großherzogs,
Kapitän v. Holzing, am 26. Januar 1813 dem Markgrafen, der
inzwischen Berlin erreicht hatte, dortselbst die Ernennung zum
Generallieutenant mit einem huldvollen Handschreiben des Groß=
herzogs, in welchem es u. A. hieß:

„Ich finde keine Ausdrücke, Denenselben meine
Bewunderung über Ihr vortreffliches Benehmen er=
kennen zu geben, nehmen Sie also meinen Dank
dafür an."

Faßt man zum Schluß das Urtheil über die Beresinatage zu=
sammen, so wird man Folgendes sagen dürfen:

In erster Linie war dem Kaiser, wie fast alle Schriftsteller
betonen, der Uebergang durch die Fehler seiner Feinde gelungen,
vor Allem durch Kutusows zaghafte, lässige Heeresleitung. Dieser
General sah mit einem gewissen Scharfsinn voraus, daß der Erfolg
des Feldzuges schon durch die Macht der Umstände ein ungeheurer
sein müsse, und glaubte daher nichts auf das Spiel setzen zu sollen,
sondern vor Allem sein Heer zu schonen. Aber ganz abgesehen
davon, daß eine solche Kriegführung der Ausdruck einer kleinlichen
Gesinnung ist, der die Waffenehre des Vaterlandes nichts gilt,
war sie auch weder logisch richtig noch praktisch, denn auch auf diese
Weise kam Kutusow mit einer total erschöpften Armee in Wilna an

und hatte dem Kaiser gestattet, sich die Kadres für seine Neuformationen zu retten.

So einig die Schriftsteller darüber sind, daß vor Allem die Fehler seiner Feinde Napoleon an der Beresina gerettet haben, so wenig darf man meines Erachtens verkennen, daß es in erster Linie doch allein die machtvolle, gewaltige Persönlichkeit des großen Schlachtenkaisers war, welche seine Feinde zu den schweren Fehlern verleitet hat, die sie thatsächlich begangen haben. Weil sie ihn alle fürchteten, deswegen wagte ihn keiner entscheidend anzugreifen, und darum bleibt auch dem Kaiser der ungeschmälerte, volle Ruhm des Beresina-Uebergangs. „Im Kriege macht die Persönlichkeit Alles", urtheilt Major Kunz bei einem Vergleich der deutschen und französischen Heerführer in den Januartagen 1871, und ich vermag ihm nur aus vollem Herzen zuzustimmen.*)

„Voilà comment on passe un pont sous la barbe de l'ennemi", war das Urtheil Napoleons bezüglich des Uebergangs, und welche Ansicht im russischen Hauptquartier obwaltete, das geht deutlich aus dem Briefe hervor, den Clausewitz am 30. November 1812 an Stein schrieb und der 1889 im 61. Band der Historischen Zeitschrift zur Veröffentlichung gelangt ist. In demselben heißt es:

„Bonaparte ist mit etwa 40 000 Mann durch; als hätte eine höhere Macht es beschlossen, ihn diesmal noch nicht ganz zu stürzen, ist er in einem Loch durchgedrungen, wo er gerade am ersten hätte verloren sein müssen. Hielt der Admiral Tschitschagof den Punkt von Sembim, der sich nur 1½ Meilen von seiner Stellung von Borissow befand, nur mit 10 000 Mann besetzt, so war es unmöglich, ihn zu forciren, und jeder andere Weg war damals zu spät; in 24 Stunden hätte der Hunger herrischer geboten, als der Gebieter Napoleon, und das Aeußerste wäre geschehen."

Ich glaube, diese Worte zerstören jeden Gedanken an die Beresina-Katastrophe des Napoleonschen Heeres. Daß trotzdem dies

---

*) Kunz: „Die Entscheidungskämpfe des Generals v. Werder" im Januar 1871.

Heer auf dem Wege von der Beresina nach Preußen zu Grunde ging, verschuldete die nun thatsächlich eintretende außerordentliche Kälte, die mitunter bis zu — 30° R. stieg. Bis zum letzten Athemzug hielt die badische Brigade auch auf diesem Rückzuge aus, und am 4. Dezember bei Molodetschno fand noch einmal ihr fürstlicher Führer Gelegenheit, als Kommandeur der „äußersten Arrieregarde der großen Armee" in tapferster und umsichtigster Weise die nachdrängenden Russen energisch abzuweisen.

Nur durch die Umsicht des Kapitäns v. Rüdt vom Regiment Großherzog entging der Markgraf Wilhelm in diesem Kampf dem sicheren Heldentod, indem Kapitän v. Rüdt dem Unteroffizier Strübe seiner Kompagnie befahl, einen russischen Jäger-Unteroffizier, der aus unmittelbarer Nähe auf den Markgrafen schoß, niederzuschießen, bevor der Russe wieder laden konnte, ein Befehl, den Strübe sofort ausführte.

Der Feldmarschall Moltke hat bei einer Gelegenheit gesagt, im Verlaufe eines glücklichen Feldzugs leisteten selbst mittelmäßige Menschen Gutes, erst das Unglück fordere gebieterisch den ganzen Mann. Als ein solcher tritt inmitten des vor die schwerste Prüfung gestellten Napoleonschen Heeres der erst 20 Jahre zählende Markgraf Wilhelm von Baden hervor, der jugendkräftig hochgemuthet, von seltener natürlicher und militärischer Begabung, allen Drangsalen trotzt und die Seinen zu den größten Leistungen begeistert.

—⟨⟩—

Gedruckt in der Königlichen Hofbuchdruckerei von E. S. Mittler & Sohn
in Berlin SW., Kochstraße 68 -71.

Berichtigung.

Auf Seite 15, Zeile 5 von unten, lies „zunächst wirkungslos und geschwächt" statt „wirkungslos, geschwächt, ja völlig
erschöpft".

Auf Seite 39, Zeile 10 von oben, lies „rechten" statt
„linken".

www.ingramcontent.com/pod-product-compliance
Lightning Source LLC
Chambersburg PA
CBHW031813090426

42739CB00008B/1259